U0142188

小市民法律大作戰 005

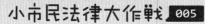

生活法律 刑不刑

蘇銘翔 著

2021最新版

書泉出版社 印行

羅序

　　刑法與民眾生活習習相關，除得憑以懲罰犯人、抑制犯罪外，背後更寓有保障人權之意義。蓋憲法第 23 條規定，人民之自由權利，除為防止妨礙他人自由，避免緊急危難，維持社會秩序，或增進公共利益所必要者外，不得以法律限制之。刑法就其表面以觀，似乎係限制人民不得為何種行為，否則將遭致何等處罰，惟若仔細探究每項規定之立法目的，會發現均係在保障更多更大的個人、社會及國家法益。身為一個法治人權國家的國民，如欲學習如何保障權利並避免誤觸法網，實有必要對刑法多加認識。

　　蘇銘翔老師就讀臺灣大學法律研究所期間，曾任職於吾所主持的台英國際商務法律事務所，其除細心校對拙著《著作權法論》外，並協助處理「劉泰英控告亞洲週刊誹謗案」等重大刑案，代擬之訴狀，論述清晰、條理分明、說理嚴謹，且每有令人耳目一新之見解，足見其過人天資。

　　於民國 91 年取得法律碩士學位後，蘇老師為求將嚴肅艱澀之刑法概念推廣給一般民眾瞭解，特秉其紮實法學素養與創新思維風格，透過真實趣味案例及詼諧平易筆風著述此書，使讀者能以輕鬆愉悅的心情學習法律，背後用心實屬良苦。

全書將情愛生活、網路生活、交通生活與經濟生活所涉及之刑法問題收錄完整，並就刑事訴訟制度進行介紹。如遇讀者易於混淆之處，則以圖表進行比較說明。凡此均有助於讀者將日常生活、刑法觀念與訴訟實務融會貫通，堪稱是一本兼具知識性、趣味性及實用性的好書。

　　蘇老師的碩士論文係以宗教自由及宗教詐欺之研究為主題，於本書付梓之際，更盼其精益求精，在學術領域更上層樓，並一秉宗教行者的精神，以出世之心行入世之事，發揮所學利益世人，吾將更感欣慰。

　　　（本文作者為英國利物浦大學法學博士、交通大學科技法律研究所兼任副教授、前臺北地方檢察署主任檢察官、台英國際商務法律事務所所長）

羅明通

2005 年 9 月

於台英國際商務法律事務所

吳序

　　在民主法治社會中，法律規範著社會秩序，任何人不能違反法律，違法者必須接受法律制裁；法律亦是國民生活的準繩，具有定紛止爭的功能。故法律與我們日常生活息息相關，身為現代國民不僅要守法，更要知法，唯有知法才能進一步維護自身權益，蓋法律不會保護讓權利睡著的人。

　　本人從事少年、刑事案件審判實務多年，深知惡意犯法者固有之，然因不知法而誤觸法網者，亦不在少數，殊感遺憾。為此，常利用審判之餘，赴各機關、學校演講宣導法律常識，期能藉由推動法治教育，建立知法、守法觀念，進而達到預防犯罪的目的。

　　《生活法律刑不刑》一書，作者將日常生活中常發生之兩性、網路、交通、經濟生活與刑法之關係，以貼近時事案例之方式，用通俗的語法，深入淺出分析、介紹法律問題、法律關係、法律責任，並檢附法律條文，構造層次分明、內容淺顯易懂；而第五部分「刑事訴訟制度簡介」介紹我國刑事訴訟辦理流程，更進一步提供讀者認識刑事訴訟程序。故本書實為結合實體法及程序法之生活實例書籍，非常適合社會各階層閱讀，並值得珍藏作為諮詢生活法律問題之活字典，實屬推動法治教育之優良書籍。

（本文作者為臺灣高等法院法官、前司法院刑事廳法官、前新竹地方法院民事庭法官、前苗栗地方法院民事庭、刑事庭、少年法庭法官）

吳炳桂

2005 年 9 月

於司法院刑事廳

林序

　　到底嫖妓在臺灣有沒有罪？到底賭博在臺灣有沒有罪？到底墮胎在臺灣有沒有罪？一般人用直覺的道德觀念判斷，似乎會覺得上述行為都算是犯罪，但是，又不太能確定到底在怎樣的情況下才有罪，而罪刑又是多重。你或許可以透過新聞報導，約略瞭解我國刑法的一些規定，但是，若沒有仔細學過刑法，可能還是不能清楚的知道刑法的具體內容。

　　但是，一般民眾如果真有心學習刑法，難道只能到市面上去買一本刑法教科書來讀？或者把刑法條文拿出來自己一條一條唸？這當然不必要、也不可能。好在，蘇銘翔老師用心寫作的這本好書，替我們解決了這個問題。

　　蘇銘翔這本書的特色，在於透過臺灣實際的具體刑事新聞，帶領讀者進一步清楚瞭解臺灣的刑法規定。他的文筆輕鬆活潑、清楚易懂，透過他的說明，讓讀者更清楚瞭解每一種犯罪相關的法律內容。另外，他還設計了很多清楚的圖表，簡明扼要地把刑法規定及各種犯罪情況整理出來，讓讀者可以一目了然。簡單地說，如果想要快速學習刑法內容，實在再也找不到這麼輕鬆、有趣又清楚的刑法讀本了。

　　我在臺北地檢署擔任檢察官多年，發覺這本書的內容已

將實務工作上最常遇到的刑法問題作了充分完整的介紹，對於國民法律知識之提升有莫大助益，因此衷心推薦讀者們能夠買來仔細研讀。

（本文作者為臺北地方檢察署檢察官、臺灣大學法律研究所碩士、臺灣大學政治學研究所博士）

林　達

2005 年 9 月

於臺北地方檢察署

自序

筆者自 2004 年起，先後任教於國立嘉義大學、國立台北護理健康大學、淡江大學、真理大學、致理科技大學、德明財經科技大學、台北城市科技大學等學校講授法律科目，深切瞭解法學用語的艱澀難懂，足以使一般民眾望而生怯，阻礙法治教育的推廣普及，因此將法律「平民化」，使其更易被讀者接受，一直是筆者的努力方向。本書內容係將相關生活法律課程口語化後的版本，除可供社會大眾吸收法律常識之用外，亦可作為大專院校生活刑法教學之參考。

全書共分五部分，主要在介紹一般民眾日常生活中較常遇到的刑法問題。第一部分到第四部分，係各以一種生活型態為主題，依序為兩性生活、網路生活、交通生活及經濟生活，各主題之下分成數單元，將涉及該主題的相關刑法問題逐一解說。第五部分，為刑事訴訟制度簡介，使讀者瞭解如何運用刑事訴訟程序來保障自身權益。

為使讀者易於吸收本書內容，各單元的論述，均先以真實案例引出法律問題，次就該法律問題進行解

析，最後再將相關條文整理於後。在法律解析時儘量採用口語化及表格圖解的方式呈現，期使本書更能被一般社會大眾及非法律系學生所接受。2021 年改版並新增性騷擾防治法、家庭暴力防治法、著作權法等相關單元，編排至合適的主題之下，使全書內容與時俱進，更臻完備。

本書之完成，首先要感謝臺灣大學法學博士楊智傑先生提供寫作意見，其次要感謝臺北大學公共行政暨政策學碩士陳亞平先生的協助校對，當然最要感謝的，還是辛苦養育我長大成人的祖母羅查某女士、父親蘇德濱先生及母親楊玉秀女士，沒有他們，就不會有這本書的順利出版。

筆者的父親蘇德濱先生及母親楊玉秀女士原本出生於臺灣宜蘭縣的鄉村，為了使子嗣有較好的成長環境，當年不辭勞苦移居臺北，使筆者得以接受教育、長大成人。人活得愈久，愈覺得自身渺小，今後筆者仍將秉持「散發光與熱，直至生命盡頭」的信念，把從上帝而來的愛、喜樂和正面能量帶向人群，回饋社會。

蘇銘翔

2021 年 7 月

於臺灣新北市淡水

目錄 CONTENTS

5 刑事訴訟制度簡介

1

兩性生活與刑法

老牛吃嫩草——與未成年人性交、猥褻罪

真實案例

國中師生戀

　　中和市某國中 1 年級的女學生「小如」（化名）與臺大畢業的單身陳姓導師，因日久生情，從師生關係變成「夫妻」關係，兩人分別使用 Jacky Chen 807X 及 Mary Li kecocX 的網路帳號對話。去年 4 月 4 日，兩人網路聊天室談話內容被人發現，不僅互以「老公」、「老婆」、「寶貝」稱呼彼此，陳姓導師還表示願主動幫女學生寫作業，並出現「寶貝，我很想你」、「我真的好愛你」等對話。

　　全案曝光前，校方已召開教評會，要求該名老師往後不得將學生留校輔導逾下午 6 時，同時須獲得家長同意，後又將師生分調不同班級。事件曝光後，陳姓老師再三重申沒有檢舉內容所指的不當行為，但仍在 9 月 29 日遭校方開除教職，同時，家長也向海山分局提出告訴。

　　起訴書指出，透過驗傷診斷，該女生確實與他人發生過性行為。陳姓老師在去年 2 月擔任班導時，因女同學常向他吐露家庭瑣事，雙方在互動頻繁下，成為男女朋友，並自 5 月起到 8 月底止，在中和市興南路二段住處內，合意發生性關係。

　　（節錄自中時電子報「國中師生戀　男導師被訴」一文，作者李文輝）

法律解析

男女之間日久生情，男歡女愛，乃至肌膚之親，原本倒也無可厚非。然而男性朋友或基於先天偏好，或基於後天影響，常喜歡尋找所謂「幼齒」的未成年少女或少男「下手」，臺灣話因此有「吃幼齒，補眼睛」之語。

然而對於未滿特定年齡的未成年人而言，其身體、心理均尚未發展成熟，因此在判斷「要不要」及「要和誰」發生「嘿咻」關係時，往往無法審慎、正確地作出決定，更常因此造成未婚懷孕、墮胎、憂鬱症，甚至自殺等問題。

為了保障未成年人的身心健康，避免其受他人誘惑而「一失足成千古恨」，我國刑法第 227 條規定，與未滿 16 歲的少男或少女發生「嘿咻」關係，也就是法律上所稱的「性交」行為時，可以處 7 年以下有期徒刑。而且若是對於年紀更小的未滿 14 歲之人發生「嘿咻」關係，刑法更規定要加重其刑，可處 3 年以上 10 年以下有期徒刑（意即最少關 3 年，最多關 10 年）。

本案例中陳姓男導師利用課後輔導之便，與國中 1 年級（年約 13 歲）的女學生發生性關係，所觸犯的就是前述「與未成年人性交罪」，依法得處 3 年以上 10 年以下有期徒刑。

在此必須提醒大家一件事，刑法這裡的規定在「性別」上並未限定要成年的「男性」欺負未成年的「女性」；換言之，一個成年的男子與未滿 16 歲的少女「嘿咻」固會構成犯罪，一個成年女子與未滿 16 歲的少男發生關係也一樣會構成犯罪。而且，在所謂「同志愛」的情況，也就是一個成年男子與未滿 16 歲的少男之間，或是一個成年女子與未滿 16 歲的少女之間，若發生性行為，那麼這

個成年男子及這個成年女子都會構成犯罪，不因加害人是女性、被害人是男性或是二者爲同性，而可以免去刑責。

　　也許有人會問，如果「嘿咻」的二個人都未滿 16 歲，那是不是同時都會構成犯罪？沒錯，在這種情況下，由於二個人彼此都是與未滿 16 歲的人發生性行爲，因此都會構成犯罪。只是此時法律爲了顧及未滿 18 歲的加害人可能也是因自制力較差而情不自禁，因此特別將此種情況規定成「告訴乃論」之罪，也就是說只要被害人這一方（有權獨立提出告訴者，除被害人外，尚包括被害人的法定代理人及配偶）不要提出告訴，檢察官就不會對加害人進行偵查、起訴，法官也不會進行審判。

　　接下來有個較爲「腥辣」的問題，就是如果雙方只有「口交」，卻沒有發生一般人理解的「嘿咻」關係時（又稱「全壘打」），這樣子到底算不算犯罪呢？關於這點，涉及刑法對於「性交」的定義。依據刑法第 10 條第 5 項的規定，「性交」的範圍很廣，究其種類，包括：

一、以性器（就是生殖器）進入他人性器或使之接合的行爲（一般人理解的「嘿咻」或「全壘打」行爲）。

二、以性器進入他人肛門或使之接合的「肛交」行爲。

三、以性器進入他人口腔或使之接合的「口交」行爲。

四、以性器以外的身體部位進入他人性器或使之接合的行爲。

五、以性器以外的身體部位進入他人肛門或使之接合的行爲。

六、以器物進入他人性器或使之接合的行爲。

七、以器物進入他人肛門或使之接合的行爲。

　　換言之，只要行爲人與未滿 16 歲的少男或少女發生前述任何一種行爲，就會構成「與未成年人性交罪」，至其法定刑，則要視

未成年人的年齡是未滿 16 歲還是未滿 14 歲而定。

　　還有一個問題，如果雙方沒有發生前述「性交」行為，但是卻有所謂「愛撫」的行為（例如以手指撫摸對方性器，或是以舌頭舔觸對方胸部等等），這樣子會不會構成犯罪呢？

「性交」的類型

	以自己的……	進入他人的……或使之接合
第一種	性器	性器
第二種	性器	肛門
第三種	性器	口腔
第四種	身體部位	性器
第五種	身體部位	肛門
第六種	器物	性器
第七種	器物	肛門

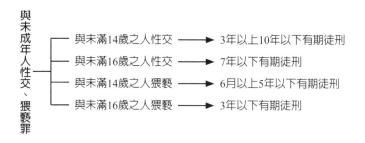

依照我國司法實務見解（63 年台上字第 2235 號判例），這些行為雖然不屬於前述的「性交」行為，但是若在客觀上足以刺激、興奮或滿足性欲，則屬於「猥褻」行為。

　　「猥褻」行為對於未滿 16 歲的未成年人而言，仍會對其身心造成不良影響，因此刑法第 227 條規定，與未滿 16 歲的少男或少

女為「猥褻」的行為，可以處 3 年以下有期徒刑，而若是與未滿
14 歲的少男或少女為猥褻的行為，則是處 6 月以上 5 年以下有期
徒刑。

　　由此可知，我國刑法對於未成年人身心健全發展的保障非常
周延，如果情不自禁想要「老牛吃嫩草」時，千萬記得不可以這樣
做，因為「色」字頭上可放著一把「大刀」呢。

相關法條

1. 刑法第10條第5項

稱性交者，謂非基於正當目的所為之下列性侵入行為：

一、以性器進入他人之性器、肛門或口腔，或使之接合之行
　　為。

二、以性器以外之其他身體部位或器物進入他人之性器、肛
　　門，或使之接合之行為。

2. 刑法第227條

對於未滿十四歲之男女為性交者，處三年以上十年以下有期徒
刑。

對於未滿十四歲之男女為猥褻之行為者，處六月以上五年以下
有期徒刑。

對於十四歲以上未滿十六歲之男女為性交者，處七年以下有期
徒刑。

對於十四歲以上未滿十六歲之男女為猥褻之行為者，處三年以
下有期徒刑。

第一項、第三項之未遂犯罰之。

3. 刑事訴訟法第232條

犯罪之被害人，得為告訴。

4. 刑事訴訟法第233條第1項

被害人之法定代理人或配偶，得獨立告訴。

5. 民法第1086條

父母為其未成年子女之法定代理人。

父母之行為與未成年子女之利益相反，依法不得代理時，法院得依父母、未成年子女、主管機關、社會福利機構或其他利害關係人之聲請或依職權，為子女選任特別代理人。

6. 民法第1098條

監護人於監護權限內，為受監護人之法定代理人。

監護人之行為與受監護人之利益相反或依法不得代理時，法院得因監護人、受監護人、主管機關、社會福利機構或其他利害關係人之聲請或依職權，為受監護人選任特別代理人。

無緣見爹娘——墮胎罪

「那個」不會來？

　　就讀大學的小寶與小如是一對熱戀中的情侶，暑假到來，二人無事可做，在一個月圓的夜裡，二人相約一起到淡水漁人碼頭旁的 HOTEL 度過浪漫之夜。

　　小寶：「小如，你今晚看起來好美哦，我可不可以和妳OO？」

　　小如：「不可以OO，只能XX！」

　　當晚二人天雷勾動地火，一發不可收拾，於是便開始「OOXX」了起來。

　　2 個月後，小如發現大事不妙。

　　小如：「小寶，怎麼辦，我『那個』已經 2 個月沒來了！」

　　小寶：「帳單沒來哦？」

　　小如：「不是啦，是你快要當爸爸了啦！」

　　尚未出生的小小寶，究竟有沒有緣分見到小寶和小如一面呢？

法律解析

　　依據 TVBS 民調中心於 2005 年 6 月 28 日所作的調查，我國六年級及七年級的未婚男女（指民國 60 年起至 79 年止出生的未婚男

女），有 39% 的人表示自己曾經有過性經驗；在有過性經驗的人之中，有 12% 的人表示自己或伴侶曾經未婚懷孕；而在未婚懷孕的人之中，又有 64% 的人選擇以墮胎的方式結束小生命。

　　年輕人行事「做」風較爲衝動，經常忽略「保險」措施，一不小心如果造成女生「那個」不會來了，考量到經濟條件尚未成熟，不願爲了子女養育費而影響生活品質，因此過半數（64%）的「中獎」民眾往往會選擇最經濟的方式——墮胎，來終結腹中的小生命。我國目前有這麼高比例的人口選擇墮胎，那麼墮胎究竟合不合法？在什麼情況下才可以合法墮胎呢？

　　首先要說明的是，雖然國人普遍認爲墮胎是可以被接受的，但是我國刑法爲了保護胎兒的生命權，原則上還是規定懷胎（從受胎時起至陣痛開始前止）的婦女如果擅自墮胎的話，不論是服用 RU486 還是請人用腳踢肚子，只要造成胎兒提早離開母體（不一定要殺死胎兒），都會構成墮胎罪，依刑法第 288 條第 1 項之規定，得處 6 個月以下有期徒刑、拘役或 100 元以下罰金（依刑法施行法第 1 條之 1，100 元罰金須乘以 30 倍計算，相當於新臺幣 3,000 元，下同此理）。

　　大家會好奇，既然刑法這樣規定，怎麼還會有這麼多人合法墮胎呢？是不是應該要把他們「統統抓起來」？關於這個問題，答案是否定的，理由是因爲刑法及優生保健法規定，在某些情況下，懷孕的女性可以依其自願，施行人工流產（墮胎）。換句話說，懷孕的人只要符合以下條件之一，就可以合法的墮胎，而不構成刑法上的墮胎罪（刑法第 21 條：依法令的行爲，可阻卻違法）。

　　表格內的七種情形，除了第一種是規定在刑法第 288 條第 3 項以外，其他六種情形都規定在優生保健法第 9 條第 1 項裡面。

法律規定可以合法墮胎的情形

1	因疾病或其他防止生命上危險之必要。
2	本人或其配偶患有礙優生之遺傳性、傳染性疾病或精神疾病者。
3	本人或其配偶之四親等以內之血親患有礙優生之遺傳性疾病者。
4	有醫學上理由，足以認定懷孕或分娩有招致生命危險或危害身體或精神健康者。
5	有醫學上理由，足以認定胎兒有畸型發育之虞者。
6	因被強制性交、誘姦或與依法不得結婚者相姦而受孕者。
7	因懷孕或生產，將影響其心理健康或家庭生活者。

　　在小寶與小如的案例中，如果小如不小心「中獎」要進行墮胎，那麼小如必須具有前述七種情事之一，才可以合法墮胎，否則小如就會構成刑法上的墮胎罪，可處 6 個月以下有期徒刑、拘役或 100 元（新臺幣 3,000 元）以下罰金。不過大家如果看到前述第七種情形「因懷孕或生產，將影響其心理健康或家庭生活者」，已經把墮胎理由擴張到「心理健康」或「家庭生活」的維持，將會發現只要懷孕的是還在就學的未成年少女，幾乎都可以認定為符合這個要件而進行合法墮胎，也難怪日前社會團體及民意代表會憂心「九月墮胎潮」的出現。

　　為了避免前述七種合法墮胎的規定被過度的濫用，優生保健法第 9 條第 2 項規定，如果懷孕的人是未成年人（未滿 20 歲為未成年人，但 2023 年 1 月 1 日起未滿 18 歲為未成年人）且尚未結婚的話，由於其心智尚未完全成熟，因此想要結束腹中的小生命，還必須經過其法定代理人，通常也就是其父母的同意，才可以進行合法墮胎，否則仍會構成墮胎罪。

　　此外，優生保健法施行細則第 15 條規定，如果婦女懷胎已

經超過 24 週，此時因胎兒已具有嬰兒的雛形，因此除了醫療行為外，仍然不可以墮胎，藉此以抑制墮胎行為過度風行。

所以在此還是要建議年輕男女們，在做「愛做的事」之前，一定要先考慮清楚，不要造成終生遺憾，最起碼也應該要做好避孕措施，才不會「那個」不會來，被迫殺害腹中的小生命。

相關法條

1. 25年上字第1223號判例

墮胎罪之成立，以殺死胎兒或使之早產為要件……。

2. 刑法第21條

依法令之行為，不罰。

依所屬上級公務員命令之職務上行為，不罰。但明知命令違法者，不在此限。

3. 刑法第288條

懷胎婦女服藥或以他法墮胎者，處六月以下有期徒刑、拘役或三千元以下罰金。

懷胎婦女聽從他人墮胎者，亦同。

因疾病或其他防止生命上危險之必要，而犯前二項之罪者，免除其刑。

4. 刑法施行法第1條之1

中華民國九十四年一月七日刑法修正施行後，刑法分則編所定罰金之貨幣單位為新臺幣。

九十四年一月七日刑法修正時，刑法分則編未修正之條文定有罰金者，自九十四年一月七日刑法修正施行後，就其所定數額提高為三十倍。但七十二年六月二十六日至九十四年一月七日新增或修正之條文，就其所定數額提高為三倍。

5. 優生保健法第9條

懷孕婦女經診斷或證明有下列情事之一，得依其自願，施行人工流產：

一、本人或其配偶患有礙優生之遺傳性、傳染性疾病或精神疾病者。

二、本人或其配偶之四親等以內之血親患有礙優生之遺傳性疾病者。

三、有醫學上理由，足以認定懷孕或分娩有招致生命危險或危害身體或精神健康者。

四、有醫學上理由，足以認定胎兒有畸型發育之虞者。

五、因被強制性交、誘姦或與依法不得結婚者相姦而受孕者。

六、因懷孕或生產，將影響其心理健康或家庭生活者。

未婚之未成年人或受監護或輔助宣告之人，依前項規定施行人工流產，應得法定代理人或輔助人之同意。有配偶者，依前項第六款規定施行人工流產，應得配偶之同意。但配偶生死不明或無意識或精神錯亂者，不在此限。

第一項所定人工流產情事之認定，中央主管機關於必要時，得提經優生保健諮詢委員會研擬後，訂定標準公告之。

6. 優生保健法施行細則第13條

本法第九條第一項第五款所稱依法不得結婚者，其範圍依民法

第九百八十三條之規定。

7. 優生保健法施行細則第13條之1

本法第九條第一項第六款所定因懷孕或生產，將影響其心理健康或家庭生活者，不得以胎兒性別差異作為認定理由。

8. 優生保健法施行細則第15條

人工流產應於妊娠二十四週內施行。但屬於醫療行為者，不在此限。

妊娠十二週以內者，應於有施行人工流產醫師之醫院診所施行；逾十二週者，應於有施行人工流產醫師之醫院住院施行。

9. 民法第983條

與左列親屬，不得結婚：

一、直系血親及直系姻親。

二、旁系血親在六親等以內者。但因收養而成立之四親等及六親等旁系血親，輩分相同者，不在此限。

三、旁系姻親在五親等以內，輩分不相同者。

前項直系姻親結婚之限制，於姻親關係消滅後，亦適用之。

第一項直系血親及直系姻親結婚之限制，於因收養而成立之直系親屬間，在收養關係終止後，亦適用之。

劈腿無罪？——通姦罪除罪化

真實案例

性愛契約案

　　小姑獨處的宋姓女子雖年近 40，但風韻猶存，她因開店經營不善，欠下大筆債務。後經婚友社介紹，認識歲數大她一輪的馮姓男子，事業有成的馮某隱瞞已婚事實，與宋女交往。宋女不久發現馮某已婚，卻仍持續與他交往。

　　兩人關係日漸親密，宋女索性向馮某吐露先前經商失敗積欠鉅款一事，希望救她一命。馮某聽聞後，同意借錢幫她解困，卻提議與她訂立類似「性愛契約」的協議書，相約每週要「互相扶持照顧三次」，意即以每週「嘿咻」三次抵債。

　　雙方從前年 7 月至 8 月底，一個多月間，在臺北縣市多家賓館發生性行為。馮某甚至將宋女帶回母親家中發生姦情，馮妻一直被蒙在鼓裡。

　　只是紙包不住火，有天馮妻至婆婆家探視，無意間在馮某房間內，看到宋女與馮某簽訂的「性愛契約」，馮妻當場氣炸，要馮某說清楚，馮某才供出實情。

　　雖然性愛契約中言明宋女不須負法律責任，但馮妻堅持控告兩人通姦。不過後來馮妻撤回對馮某告訴，在「同是女人」的心理下，要求宋女歸還百萬元，就不追究通姦一事。只是，早已山窮水盡的宋女哪有力量償還，一句「沒錢」，談判破裂，最後檢察官偵結全案，仍對宋女提起公訴。

　　（節錄自中時電子報「簽百萬性愛契約　吃通姦官司」一文，作者陳佳鑫）

法律解析

　　把心愛的人占爲己有，應該算是人之常情，相信這世上很少有人可以把自己心愛的人交到第三者手中，甚至容任他倆發生親密行爲而無動於衷。結婚之前，男女雙方互相「劈腿」，頂多成爲八卦雜誌的報導對象或是社會眼光的批評焦點，但是在結婚之後，如果男女雙方發生婚外情，進而與第三者「嘿咻」，除了會身敗名裂以外，官司也是免不了的。

　　刑法第 239 條（現已刪除）規定：「有配偶而與人通姦者，處一年以下有期徒刑；其相姦者，亦同」，這個規定的意思是說，如果你結婚後在外與第三者發生通姦行爲，那麼你和這個第三者，都要被處 1 年以下的有期徒刑。

　　在這裡有問題的是，「劈腿」如果沒有達到與第三者發生「通姦」的程度，會不會構成通姦罪呢？如果只有牽牽手、親親嘴、摸一摸，甚至是「口交」、「肛交」，這樣算不算通姦罪呢？關於此點，我國司法實務認爲，一定要二個人合意發生「性器與性器接合」行爲才算是通姦，如果只有牽牽手、親親嘴、摸一摸，甚至是「口交」、「肛交」，由於雙方的行爲不符合法律上「通姦」的定義，所以不會構成通姦罪。由此可知，刑法對於已婚男女所要求的，只有最低限度的「貞操」義務而已，只要已婚男女不要在外與第三者發生「性器與性器接合」行爲，都不會犯罪。

　　案例中宋小姐原先雖然不知馮先生已經結婚，但是後來知情之後，卻仍和馮先生簽訂「性愛契約」，約定每週「嘿咻」3 次，並發生多次性行爲，因此馮先生和宋小姐原本應該分別構成通姦罪和相姦罪，依法得處 1 年以下有期徒刑。

　　為什麼要說是「原本」呢？因為原本司法院大法官曾於釋字第554 號解釋文中認為，個人的性行為自由只有在不妨害社會秩序公共利益的前提下，才可以受保障，而婚姻制度奠基於人格自由，具有維護人倫秩序、男女平等、養育子女等社會性功能，國家為了確保婚姻制度的存續與圓滿，自可立法約束夫妻雙方互負忠誠義務。因此大法官認為，刑法第 239 條對於通姦者、相姦者處 1 年以下有期徒刑的規定，為維護婚姻、家庭制度及社會生活秩序所必要，與憲法第 23 條比例原則的規定並無違背，應屬有效。

　　然而針對第 554 號解釋文，早有學者認為強求來的愛情不是真愛，通姦罪的處罰規定也不可能達到所謂「維持婚姻及夫妻感情」的目的，因此主張將通姦罪除罪化。2020 年 5 月 29 日司法院大法官一改過去見解，於釋字第 791 號解釋文中表示，刑法第 239 條對於憲法第 22 條所保障的人民性自主權的限制，與憲法第 23 條比例原則不符。也就是說，大法官認為刑法不應該為了維護婚姻制度、夫妻雙方的感情及忠誠義務，而透過強制手段對於通姦及相姦的行為人科處刑罰，因此刑法第 239 條通姦罪及相姦罪的規定，應自第791 號解釋文公布之日起失效。

　　依照釋字第 791 號解釋文，通姦罪及相姦罪都除罪化了，那是不是代表已婚的夫妻雙方日後就可以任意「胡作非為」，完全不負夫妻之間的忠誠義務呢？其實不然，依照我國民法第 1052 條、第1053 條規定，被害人可以在知悉配偶與第三人合意性交後的 6 個月內，及在發生後的 2 年之內（必須同時符合此二要件），向法院請求裁判離婚。此時由於被害人並無過失，所以還可依民法第1056 條、第 1057 條之規定，向配偶請求給付損害賠償及贍養費，以維權益。

相關法條

1. 刑法第239條（現已刪除）

有配偶而與人通姦者，處一年以下有期徒刑；其相姦者，亦同。

2. 民法第982條

結婚應以書面為之，有二人以上證人之簽名，並應由雙方當事人向戶政機關為結婚之登記。

3. 民法第1052條

夫妻之一方，有下列情形之一者，他方得向法院請求離婚：

一、重婚。

二、與配偶以外之人合意性交。

三、夫妻之一方對他方為不堪同居之虐待。

四、夫妻之一方對他方之直系親屬為虐待，或夫妻一方之直系親屬對他方為虐待，致不堪為共同生活。

五、夫妻之一方以惡意遺棄他方在繼續狀態中。

六、夫妻之一方意圖殺害他方。

七、有不治之惡疾。

八、有重大不治之精神病。

九、生死不明已逾三年。

十、因故意犯罪，經判處有期徒刑逾六個月確定。

有前項以外之重大事由，難以維持婚姻者，夫妻之一方得請求離婚。但其事由應由夫妻之一方負責者，僅他方得請求離婚。

4. 民法第1053條

對於前條第一款、第二款之情事，有請求權之一方，於事前同意或事後宥恕，或知悉後已逾六個月，或自其情事發生後已逾二年者，不得請求離婚。

5. 民法第1056條

夫妻之一方，因判決離婚而受有損害者，得向有過失之他方，請求賠償。

前項情形，雖非財產上之損害，受害人亦得請求賠償相當之金額。但以受害人無過失者為限。

前項請求權，不得讓與或繼承。但已依契約承諾或已起訴者，不在此限。

6. 民法第1057條

夫妻無過失之一方，因判決離婚而陷於生活困難者，他方縱無過失，亦應給與相當之贍養費。

7. 大法官會議解釋第554號解釋文

婚姻與家庭為社會形成與發展之基礎，受憲法制度性保障（參照本院釋字第 362 號、第 552 號解釋）。婚姻制度植基於人格自由，具有維護人倫秩序、男女平等、養育子女等社會性功能，國家為確保婚姻制度之存續與圓滿，自得制定相關規範，約束夫妻雙方互負忠誠義務。性行為自由與個人之人格有不可分離之關係，固得自主決定是否及與何人發生性行為，惟依憲法第 22 條規定，於不妨害社會秩序公共利益之前提下，始受保障。是性行為之自由，自應受婚姻與家庭制度之制約。

婚姻關係存續中，配偶之一方與第三人間之性行為應為如何之限制，以及違反此項限制，應否以罪刑相加，各國國情不同，應由立法機關衡酌定之。刑法第 239 條對於通姦者、相姦者處 1 年以下有期徒刑之規定，固對人民之性行為自由有所限制，惟此為維護婚姻、家庭制度及社會生活秩序所必要。為免此項限制過嚴，同法第 245 條第 1 項規定通姦罪為告訴乃論，以及同條第 2 項經配偶縱容或宥恕者，不得告訴，對於通姦罪附加訴追條件，此乃立法者就婚姻、家庭制度之維護與性行為自由間所為價值判斷，並未逾越立法形成自由之空間，與憲法第 23 條比例原則之規定尚無違背。

8. 大法官會議解釋第791號解釋文

刑法第 239 條規定：「有配偶而與人通姦者，處一年以下有期徒刑。其相姦者亦同。」對憲法第 22 條所保障性自主權之限制，與憲法第 23 條比例原則不符，應自本解釋公布之日起失其效力；於此範圍內，本院釋字第 554 號解釋應予變更。

刑事訴訟法第 239 條但書規定：「但刑法第二百三十九條之罪，對於配偶撤回告訴者，其效力不及於相姦人。」與憲法第 7 條保障平等權之意旨有違，且因刑法第 239 條規定業經本解釋宣告違憲失效而失所依附，故亦應自本解釋公布之日起失其效力。

Unit 4

偷窺無罪？——妨害私生活秘密罪

眞實案例

案例一：通姦偷拍案

　　前普誠科技總經理陳傳書先生，日前遭到太太葉素金偷拍到與劉姓女秘書擁吻。葉素金因懷疑先生和女秘書通姦，要求 100 萬元的損害賠償金。葉素金向法院主張，先生和女秘書一起到關渡宮出遊，並且曾經在公共場所擁抱、親吻。此外，葉女更自行用攝影機，在臺北市大湖公園山上，連續多天拍攝劉女在陳先生內湖成功路 6 樓住處客廳內的起居活動，並製成光碟片，作爲兩人同居的證據。

　　臺北地方法院調查認爲，葉素金在劉姓女秘書沒有同意的情況下，就偷拍對方的私生活，已經侵害到他人隱私，至於當眾擁抱、親吻的行爲，雖然在社會道德上會遭到非難，不過，還是不足以證明被告有和女秘書通姦、同居，因此，決定將原告之訴駁回。

　　（節錄自《臺灣日報》「偷拍無證據能力　擁吻非婚外情」一文，作者林長順）

真實案例

案例二：廁所之狼案

　　大學又出現色狼蹤跡！這次是在臺北縣的淡江大學。學校警衛在圖書館女生廁所裡抓到一名偷窺狂，但是由於不是現行犯，因此只好把人放走，現在淡江所有的女學生是人人自危。

　　安靜的圖書館，竟然有色狼出沒，嫌犯尾隨女同學進入廁所，再藉機會偷看女生，校方提高警覺，終於逮到人。以前是在女生廁所抓出來過一次，他說是因為內急才進入女生廁所。因為不是現行犯，警衛對色狼也沒轍。校方在對內發行的《淡江時報》中，也報導確有此事，但少了直接證據證明犯罪行為，只能縱虎歸山。

　　（節錄自台視新聞報導「淡江放走偷窺廁所之狼　女生怕怕」一文，作者吳幸樺）

法律解析

　　筆者有一次到光華商場買電腦，逛到一半想上廁所時，發現廁所的牆上寫著「小心針孔」，雖然當時知道是惡作劇（有誰會對男生的如廁畫面有興趣呢），但還是「方便」得很不順暢，可能是因為始終覺得有人在偷看吧！

　　每個人都有不願意被公開的隱私，例如如廁的動作如果被公開的話，一定會覺得很不自在。因此為了保障隱私權，我國刑法第 315 條之 1 規定，任何人如果「無故利用工具或設備窺視、竊聽

他人非公開之活動、言論、談話或身體隱私部位」或是「無故以錄音、照相、錄影或電磁紀錄竊錄他人非公開之活動、言論、談話或身體隱私部位」，均可處 3 年以下有期徒刑、拘役或 30 萬元以下罰金（妨害私生活秘密罪）。

首先要解釋的是，何種活動、言論、談話或身體隱私部位才符合條文中所謂的「非公開」？關於這點，學說上認為，如果被害人只打算把這些內容給自己指定的人知悉（如妻子只想將身體隱私部位給先生欣賞），而且該內容如果被公開，會造成被害人內心的痛苦或不安，那麼這個活動、言論、談話或身體隱私部位就可被視為「非公開」，而受到刑法保護。

例如如廁時，上廁所的人並不會想讓別人看到這種「活動」，而且如果被看到，上廁所的人一定會感到痛苦或不安（例如「方便」得很不順暢），所以這個如廁的動作，就屬於條文中所謂「非公開」之活動。假設有人使用工具（如望遠鏡）偷看或是使用針孔攝影機偷拍下來，就會觸犯前述妨害私生活秘密罪，可處 3 年以下有期徒刑、拘役或 30 萬元以下罰金。其他諸如生活中常見的「嘿咻」、更衣、洗澡、說悄悄話、聊人是非、裸體等，也可視情形劃歸此種「非公開」之活動、言論、談話或身體隱私部位，受到刑法保護。

案例一中，葉小姐為了證明自己的先生（陳先生）與劉姓女秘書有通姦的事實，自行利用攝影機偷拍劉秘書在陳先生住宅客廳內的起居活動，由於劉秘書不可能願意將自己居家的身體活動展示給他人看，而且該活動如果被他人看到，劉秘書也一定會感到相當程度的痛苦或不安，所以該活動應屬於「非公開」之活動，葉小姐如果擅自偷拍，就會構成妨害私生活秘密罪，可處 3 年以下有期徒

刑、拘役或 30 萬元以下罰金。

　　也許有人會問，葉小姐是爲了收集先生通姦的證據才進行偷拍，這樣還算是條文中規定的「無故」（無正當理由）偷拍嗎？關於這點，我們可以說葉小姐偷拍的行爲雖然有「理由」，但是該理由卻並不「正當」，爲什麼呢？因爲即便是檢察官要對犯罪嫌疑人進行偵查、監聽、搜索、扣押等行爲，尚須依據相關法律（如刑事訴訟法）並踐行法定程序（如經法官同意）後才可爲之，因此一般人又豈能自行以侵害他人隱私權的方法來收集證據呢？案例一中臺北地方法院最後也認爲，葉小姐這種偷拍行爲會侵害到劉秘書的隱私權。

　　葉小姐將偷拍的內容燒成光碟片，這讓人聯想到之前引起軒然大波的璩美鳳性愛光碟案。該案中進行偷拍的行爲人依前述說明會構成妨害私生活秘密罪，可處 3 年以下有期徒刑、拘役或 30 萬元以下罰金，至於另外那些把光碟「隨書贈送」給讀者們的行爲人，又會構成什麼犯罪？刑法第 315 條之 2 第 3 項規定，如果行爲人知道該光碟的內容爲竊錄（如偷拍）所得，還予以製造、散布、播送或販賣，由於此等行爲對隱私權的侵害程度甚爲重大（因爲會讓更多人知道），所以散布光碟的人會被處 5 年以下有期徒刑、拘役或科或併科 50 萬元以下罰金。

　　前面都在談案例一，現在我們來談案例二。案例二中的淡江廁所之狼最後雖然因爲不是現行犯，而遭到釋放，但是如果他眞的躲在女生廁所偷看他人如廁，這樣會不會構成前述的妨害私生活秘密罪呢？相信很多人都會回答「會」吧，不過很可惜，答案是「不會」，爲什麼呢？因爲依照刑法第 315 條之 1 的規定，行爲人必須利用「工具或設備」偷看他人如廁才會構成犯罪，但是淡江廁所之

狼當時只是單純以肉眼透過門縫或門的下緣偷看女生如廁，並未用到「工具或設備」（如望遠鏡、單向透明玻璃等），所以他不會構成妨害私生活秘密罪。

如此說來，法律對於淡江廁所之狼難道無法可管？這也不盡然，因為刑法雖然不處罰以肉眼偷窺的行為，但是社會秩序維護法第 83 條仍規定，「故意窺視他人臥室、浴室、廁所、更衣室，足以妨害其隱私者」，得處新臺幣 6,000 元以下罰鍰。準此，如果淡江廁所之狼只是用肉眼，而不是用「工具或設備」偷窺女生如廁，還是可以依此規定處以新臺幣 6,000 元以下罰鍰。

相關法條

1. 刑法第10條第6項

稱電磁紀錄者，謂以電子、磁性、光學或其他相類之方式所製成，而供電腦處理之紀錄。

2. 刑法第315條之1

有下列行為之一者，處三年以下有期徒刑、拘役或三十萬元以下罰金：

一、無故利用工具或設備窺視、竊聽他人非公開之活動、言論、談話或身體隱私部位者。

二、無故以錄音、照相、錄影或電磁紀錄竊錄他人非公開之活動、言論、談話或身體隱私部位者。

3. 刑法第315條之2

意圖營利供給場所、工具或設備，便利他人為前條之行為者，

處五年以下有期徒刑、拘役或科或併科五十萬元以下罰金。

意圖散布、播送、販賣而有前條第二款之行為者，亦同。

製造、散布、播送或販賣前二項或前條第二款竊錄之內容者，依第一項之規定處斷。

前三項之未遂犯罰之。

4. 刑法第319條

……第三百一十五條之一……之罪，須告訴乃論。

5. 社會秩序維護法第83條

有下列各款行為之一者，處新臺幣六千元以下罰鍰：

一、故意窺視他人臥室、浴室、廁所、更衣室，足以妨害其隱私者。

二、於公共場所或公眾得出入之場所，任意裸體或為放蕩之姿勢，而有妨害善良風俗，不聽勸阻者。

三、以猥褻之言語、舉動或其他方法，調戲他人者。

霸王硬上弓——強制性交罪與強制猥褻罪

真實案例

案例一：婦科醫師案

　　檢方起訴書指出，民國 88 年 6 月，許國邦在中心診所擔任婦產科醫師，被害人 A2 因婦科病變求診，許國邦隨即要求到自己開設的診所複診，複診時許國邦為 A2 注射麻醉藥物，竟趁護理人員不在、被害人無力反抗之際，猥褻被害人。

　　89 年 5 月，許國邦為另一名被害人 A3 看診時，又以類似手法，性侵 A3 得逞。91 年，A3 再到診所看診時，事先備妥針孔攝影機，而許國邦又食髓知味予以性侵，因而作案全遭拍下，被害人因此拿證物向媒體爆料，全案才曝光。

　　檢察官經傳訊相關當事人及調閱卷證後，認為許國邦身為婦產科醫師，竟利用醫病間信賴關係，注射麻醉藥物致被害人無法抗拒再予以性侵，因此向法官具體求刑 10 年。

　　（節錄自中央社「婦科醫師藉機性侵女病患　北檢求刑 10 年」一文，作者陳亦偉）

案例二：宿舍之狼案

　　在輔大犯下多起性侵害案件的嫌犯已經落網，淡江大學也傳出有色狼出沒。一名在外租屋的淡江女學生，14 日上午遭到一名歹徒持水果刀意圖性侵害，由於女學生大叫，色狼慌亂逃逸沒有得逞。女學生被劃傷手部，嚇得連夜搬離住處。

　　遭色狼攻擊的淡江大學游姓女學生向警方表示，14 日上午 8 時許，她正準備出門，一打開房門就發現一名男子戴棒球帽、口罩，手持水果刀站在門口。嫌犯持水果刀指著她，將她推入房裡關上房門後要她好好「配合」，她嚇得激烈反抗，兩人拉扯中她手部還遭水果刀劃傷，並趁機將房門打開尖聲大叫，色狼見狀驚恐才奪門而逃。

　　據瞭解，日前該學生租屋處曾出現專偷女用內褲的小偷，淡水分局刑事組組長吳永坤指出，侵入女學生租屋處的男子貌似學生，身高約 175 公分，目前正根據被害人線索追緝歹徒到案。

　　（節錄自東森新聞報導「淡大也現狼蹤！男子持刀意圖性侵女學生抵抗大叫未得逞」一文，作者黃美榕、游凱迪）

法律解析

「嘿咻」之事，一定要出於兩情相悅，因爲要不要「嘿咻」及要和誰「嘿咻」，是屬於每個人的「性自主」權，如果一個人以違反他人意願的方法，強行與他人發生「嘿休」關係，就會侵害他人的「性自主」權而構成強制性交罪。

我國刑法第 221 條規定，如果一個人以強暴、脅迫、恐嚇、催眠術或是其他違反他人意願之方法，強行與其發生「性交」行爲，則無論雙方是男是女（女生也可強制性交男生），這個「霸王硬上弓」的人，都會構成強制性交罪，得處 3 年以上 10 年以下有期徒刑。

條文中所謂強暴，是指有形的強制力，如以手腕或身體強壓對方，或以繩索綁住對方。所謂脅迫，是指無形的強制力，是以「現在」惡害之通知，使對方心生恐懼，急迫性較高，例如手持開山刀向對方說：「你不乖乖就範，我就殺死你」。所謂恐嚇，也是指無形的強制力，然而是以「未來」惡害之通知，使對方心生恐懼，急迫性較低，例如向對方說：「你不乖乖就範，下次見面我一定殺死你」。所謂其他違反他人意願之方法，指與強暴、脅迫、恐嚇、催眠術等手段類似，而具有強制性質之方法。

在有些情況，由於「霸王硬上弓」的人手段太強烈、太卑劣或是惡性太重大時，法律認爲關他 10 年還不夠，這時候就會加重其刑，改處 7 年以上有期徒刑（有期徒刑最高爲 15 年）。那麼哪些情況才是屬於這種情形呢？請參照下表。

加重強制性交罪的類型

類型	法定刑
二人以上共同犯之	7年以上有期徒刑
對未滿14歲之男女犯之	
對精神、身體障礙或其他心智缺陷之人犯之	
以藥劑犯之	
對被害人施以凌虐	
利用駕駛供公眾或不特定人運輸之交通工具之機會犯之	
侵入住宅或有人居住之建築物、船艦或隱匿其內犯之	
攜帶兇器犯之	
對被害人為照相、錄音、錄影或散布、播送該影像、聲音、電磁紀錄	

　　表列的加重事由中，所謂藥劑，必須是足使人喪失抵抗力或知覺的藥物，因此若給對方吃「綜合維他命」，不會構成加重事由。所謂凌虐，指使對方精神或肉體感受相當痛苦之行為，如鞭打、繩綁、潑糞、滴蠟等等。所謂供公眾運輸之交通工具，指公車、火車、捷運電聯車等；供不特定人運輸之交通工具，則指計程車等。所謂兇器，客觀上足以對他人生命、身體、安全構成威脅，並具有危險性之器具，如水果刀、小刀、剪刀、起子、鉗子等（79年台上字第5253號判例），相對於此，如皮帶、鋼筆等則非屬兇器。

　　案例一中許醫師趁護理人員不在，先替求診病人A3注射麻醉藥物，待其無力抗拒後，再予以性交，因此許醫師的行為會構成加重強制性交罪（以藥劑犯之），依法得處7年以上有期徒刑。

　　另外，許醫師亦以類似手法，對病人A2注射麻醉藥物後，予以「猥褻」。強制性交會構成犯罪，強制猥褻會不會構成犯罪？刑法第224條規定，如果一個人以強暴、脅迫、恐嚇、催眠術或是其

他違反他人意願之方法，強行與其發生「猥褻」行為，則無論雙方是男是女，行為人都會構成強制猥褻罪，依法得處 6 月以上 5 年以下有期徒刑。

　　而且依據刑法第 224 條之 1 的規定，如果強制猥褻的行為人具有前面表格中的行為態樣之一，那麼一樣會被加重其刑，改處 3 年以上 10 年以下有期徒刑。

　　案例二中淡江宿舍之狼（淡江第一匹狼是廁所之狼，第二匹狼是宿舍之狼）以水果刀指著被害人，要她好好「配合」，結果因為被害人激烈反抗並大叫救命，致使淡江宿舍之狼倉皇逃跑。

　　如果淡江宿舍之狼沒有逃跑，按照情況發展下去，他應該會構成刑法第 222 條的加重強制性交罪（攜帶兇器犯之），依法得處 7 年以上有期徒刑。

　　然而在案例二中，淡江宿舍之狼色大無膽，女同學大叫救命，他就嚇到逃跑。由於他最後沒有「得逞」，所以只會構成加重強制性交罪的未遂犯（未遂犯之要件為：1.已著手於犯罪行為之實行；2.非因己意致使構成要件未完全實現），依法得按既遂犯之刑責減輕處罰。具體言之，因為加重強制性交罪的法定刑為 7 年以上有期徒刑，所以依照刑法第 66 條之減刑規定，加重強制性交罪的未遂犯法定刑得減輕為 3 年 6 個月以上有期徒刑。

相關法條

1. 刑法第25條

已著手於犯罪行為之實行而不遂者，為未遂犯。

未遂犯之處罰，以有特別規定者為限，並得按既遂犯之刑減輕之。

2. 刑法第33條

主刑之種類如下：

一、死刑。

二、無期徒刑。

三、有期徒刑：二月以上十五年以下。但遇有加減時，得減至二月未滿，或加至二十年。

四、拘役：一日以上，六十日未滿。但遇有加重時，得加至一百二十日。

五、罰金：新臺幣一千元以上，以百元計算之。

3. 刑法第65條

無期徒刑不得加重。

無期徒刑減輕者，為二十年以下十五年以上有期徒刑。

4. 刑法第66條

有期徒刑、拘役、罰金減輕者，減輕其刑至二分之一。但同時有免除其刑之規定者，其減輕得減至三分之二。

5. 刑法第221條

對於男女以強暴、脅迫、恐嚇、催眠術或其他違反其意願之方

法而為性交者，處三年以上十年以下有期徒刑。

前項之未遂犯罰之。

6. 刑法第222條

犯前條之罪而有下列情形之一者，處七年以上有期徒刑：

一、二人以上共同犯之。

二、對未滿十四歲之男女犯之。

三、對精神、身體障礙或其他心智缺陷之人犯之。

四、以藥劑犯之。

五、對被害人施以凌虐。

六、利用駕駛供公眾或不特定人運輸之交通工具之機會犯之。

七、侵入住宅或有人居住之建築物、船艦或隱匿其內犯之。

八、攜帶兇器犯之。

九、對被害人為照相、錄音、錄影或散布、播送該影像、聲
　　音、電磁紀錄。

前項之未遂犯罰之。

7. 刑法第224條

對於男女以強暴、脅迫、恐嚇、催眠術或其他違反其意願之方
法，而為猥褻之行為者，處六月以上五年以下有期徒刑。

8. 刑法第224條之1

犯前條之罪而有第二百二十二條第一項各款情形之一者，處三
年以上十年以下有期徒刑。

9. 社會秩序維護法第83條

有下列各款行為之一者，處新臺幣六千元以下罰鍰：

一、故意窺視他人臥室、浴室、廁所、更衣室，足以妨害其隱
　　私者。

二、於公共場所或公眾得出入之場所，任意裸體或為放蕩之姿
　　勢，而有妨害善良風俗，不聽勸阻者。

三、以猥褻之言語、舉動或其他方法，調戲他人者。

Unit 6

精蟲衝腦？——性觸摸罪與一般性騷擾

真實案例

案例一：公車站摸臀案

去年底，陳男在位於臺北市的工作處所前看到正妹獨自一人經過，她穿著熱褲，屁股蛋若隱若現，陳男心癢尾隨其後，見她停下來等公車，陳男上前搭訕說，「穿這樣（短褲）不會冷嗎」「這附近色狼很多要小心」，還當場示範色狼的動作，趁著揮舞手時，摸了正妹翹臀一下。

正妹原本只覺得陳男怪怪的，不想理他，沒想到下一秒竟真的摸上她屁股，她嚇得旁邊跳開，當場報警。陳男辯稱只是好意提醒對方注意色狼，示範色狼動作時不小心碰到她。

但法官在勘驗卷證後，認為陳男身高 180 公分，必須要屈膝才有可能碰到身高 153 公分的正妹臀部；法官又勘驗附近監視器發現陳男，從工作處一路尾隨正妹到公車站牌，並且試圖接近，還說「我不是那個意思啦」，無視被害人多方閃躲。法官還發現，陳男有多次尾隨女子並且猥褻的前科，卻不知悔改，一犯再犯，藉口要正妹小心色狼而搭話，伸手觸碰臀性騷擾，犯後又否認犯行，衡酌正妹不願與陳男和解，最後決定判刑 3 月，可上訴。

（節錄自自由時報「熱褲妹屁股蛋太誘人　男提醒『小心色狼』順便摸一下慘了」一文，作者吳政峰）

真實案例

案例二：黃捷遭性騷擾案

　　高雄市議員黃捷前天在 Instagram 限時動態分享私訊截圖，竟有一名變態網友傳性騷擾訊息給她，「午餐吃我剛射出來的精液嗎」、「我想摸妳的奶，真的變大的欸！一定很軟，好想摸哦」，內容不堪入目。對此，黃捷昨陪同基隆市長林右昌到鳳山吃肉圓時說，她處之泰然，會勇敢下去，也希望網友節制，這種言語性騷擾行為已是犯罪。

　　黃捷昨晚硬起來，在臉書強烈譴責性騷行為，稱不會放縱言語性騷擾的大野狼，猖狂助長父權風氣來攻擊女性和性少數！「我除呼籲該網友節制行為，不要再有騷擾言論，也會在蒐證後，不排除採取法律行動。」

　　（節錄自蘋果日報「收性騷訊息『想摸妳奶』　黃捷：不排除提告」一文，作者魏斌、吳慧芬）

法律解析

　　隨著性別意識及人權觀念的提升，「性騷擾」一詞愈來愈常出現在新聞報導、社會事件，甚或是日常生活中，但其實許多人往往不是很清楚它的定義，甚至容易將其誤用。

　　依照性騷擾防治法的規定，性騷擾可以區分為有發生肢體接觸的「性觸摸罪」（性騷擾防治法第 25 條）以及未發生肢體接觸的「一般性騷擾」（性騷擾防治法第 2 條）等兩種類型。

　　關於第一種類型，性騷擾防治法第 25 條第 1 項規定：「意圖性騷擾，乘人不及抗拒而為親吻、擁抱或觸摸其臀部、胸部或其他

身體隱私處之行為者，處二年以下有期徒刑、拘役或科或併科新臺幣十萬元以下罰金。」這就是所謂的有發生肢體接觸的「性觸摸罪」。條文中所謂「乘人不及抗拒」，是指行為人在被害人疏於注意或沒有特別防備的情形下，施以突襲性的行為，而且行為時間相對短暫，被害人無從立即反應，通常等到被害人發覺被害時，該行為也已結束；所謂「其他身體隱私處」，如：大腿內側、私處等均屬之。「性觸摸罪」的情節較未發生肢體接觸的「一般性騷擾」嚴重，所以法定刑責也較高，為 2 年以下有期徒刑、拘役或科或併科新臺幣 10 萬元以下罰金。

　　須特別說明的是，「性觸摸罪」與上一單元介紹的「強制猥褻罪」並不相同。簡單地說，「性觸摸罪」的手段較為輕微，行為人是「乘被害人不及抗拒」而為肢體接觸，尚未達直接壓制被害人性自主權及身體控制權，至使不能抗拒的程度；而「強制猥褻罪」則是以「強暴、脅迫、恐嚇、催眠術或其他違反被害人意願之方法」，直接壓制被害人性自主權及身體控制權，達到至使不能抗拒的程度。正因如此，前者的法定刑為較輕的 2 年以下有期徒刑、拘役或科或併科新臺幣 10 萬元以下罰金，後者的法定刑為較重的 6 月以上 5 年以下有期徒刑。此外，前者尊重被害人的訴追意願，屬於告訴乃論之罪（被害人提告訴，檢察官才會訴追，法院才會審理），後者則屬於非告訴乃論之罪，不論被害人意願如何，檢察官都會訴追，法院都會審理。

　　案例一中，陳男尾隨一位正妹並上前搭訕，還藉口示範色狼的動作，乘著正妹沒有特別防備的情況下，揮舞手臂觸摸了正妹的臀部一下。因為陳男的行為具有突襲性及短暫性，屬於「乘人不及抗拒」而為之，尚未達至使不能抗拒的程度，因此法官認定陳男的

行為成立「性觸摸罪」而非「強制猥褻罪」，依法判處 3 個月有期徒刑。

　　上述介紹的是性騷擾的第一種類型，接著我們來介紹第二種類型，也就是未發生肢體接觸的「一般性騷擾」。性騷擾防治法第 2 條規定：「本法所稱性騷擾，係指性侵害犯罪以外，對他人實施違反其意願而與性或性別有關之行為，且有下列情形之一者：一、以該他人順服或拒絕該行為，作為其獲得、喪失或減損與工作、教育、訓練、服務、計畫、活動有關權益之條件。二、以展示或播送文字、圖畫、聲音、影像或其他物品之方式，或以歧視、侮辱之言行，或以他法，而有損害他人人格尊嚴，或造成使人心生畏怖、感受敵意或冒犯之情境，或不當影響其工作、教育、訓練、服務、計畫、活動或正常生活之進行。」一般人看到這麼長的條文內容，可能會有點不知道它到底在說什麼，為了方便理解及記憶，其實我們可以把「一般性騷擾」的成立要件簡化為三個，即：1.違反他人「意願」；2.與「性」或「性別」有關；3.作為權益交換「條件」或造成對方「不舒服」。

　　舉例來說：甲醫生言語要求乙病人晚上要到醫生家過夜，才願意為其施行醫療。此時就算乙病人沒有真的陪甲醫生過夜，甲醫生也履行了醫療的義務，但是因為甲醫生言語的內容是以與「性」有關的「過夜」作為醫療服務的交換「條件」，且依一般情形應違反乙病人的意願，所以此時甲醫生的言語就會成立「一般性騷擾」。又例如：丙先生在中秋烤肉聚會中，未經在場其他友人們的同意，即大聲講黃色笑話，造成聽到的友人們感到不被尊重，影響烤肉活動的進行。此時因為丙先生的黃色笑話與「性」有關，且違反友人們的意願，造成友人們感到「不舒服」，因此丙先生的行為也會成

立「一般性騷擾」。

　　須注意的是，「一般性騷擾」因為並沒有發生實際肢體接觸，情節尚屬輕微，所以依照性騷擾防治法，行為人並不會成立刑法上的犯罪，只需負擔民事責任及行政責任。關於民事責任，性騷擾防治法第 9 條規定：「對他人為性騷擾者，負損害賠償責任（第 1 項）。前項情形，雖非財產上之損害，亦得請求賠償相當之金額，其名譽被侵害者，並得請求回復名譽之適當處分（第 2 項）。」因此被害人可以請求行為人賠償財產損害、非財產上損害（精神痛苦的賠償）及回復名譽之適當處分（如：公開道歉）。關於行政責任，性騷擾防治法第 20 條規定：「對他人為性騷擾者，由直轄市、縣（市）主管機關處新臺幣一萬元以上十萬元以下罰鍰。」性騷擾防治法第 21 條並規定：「對於因教育、訓練、醫療、公務、業務、求職或其他相類關係受自己監督、照護之人，利用權勢或機會為性騷擾者，得加重科處罰鍰至二分之一。」

　　案例二中，一名網友透過社群軟體 Instagram 傳訊息給高雄市議員黃捷，內容包括：「午餐吃我剛射出來的精液嗎」、「我想摸妳的奶，真的蠻大的欸！一定很軟，好想摸哦」，訊息內容明顯屬於違反被害人「意願」，與「性」有關，且造成被害人感到「不舒服」，因此會成立「一般性騷擾」，被害人自可考慮依法維護自身權益，扼止此種社會歪風。

	肢體接觸	手段強度	刑事責任
強制猥褻罪	有	強（至使不能抗拒）	重
性觸摸罪	有	中（乘人不及抗拒）	輕
一般性騷擾	無	弱	無（僅有民事、行政責任）

相關法條

1. 性騷擾防治法第2條

本法所稱性騷擾，係指性侵害犯罪以外，對他人實施違反其意願而與性或性別有關之行為，且有下列情形之一者：

一、以該他人順服或拒絕該行為，作為其獲得、喪失或減損與工作、教育、訓練、服務、計畫、活動有關權益之條件。

二、以展示或播送文字、圖畫、聲音、影像或其他物品之方式，或以歧視、侮辱之言行，或以他法，而有損害他人人格尊嚴，或造成使人心生畏怖、感受敵意或冒犯之情境，或不當影響其工作、教育、訓練、服務、計畫、活動或正常生活之進行。

2. 性騷擾防治法第9條

對他人為性騷擾者，負損害賠償責任。

前項情形，雖非財產上之損害，亦得請求賠償相當之金額，其名譽被侵害者，並得請求回復名譽之適當處分。

3. 性騷擾防治法第13條

性騷擾事件被害人除可依相關法律請求協助外，並得於事件發生後一年內，向加害人所屬機關、部隊、學校、機構、僱用人或直轄市、縣（市）主管機關提出申訴。

前項直轄市、縣（市）主管機關受理申訴後，應即將該案件移送加害人所屬機關、部隊、學校、機構或僱用人調查，並予錄案列管；加害人不明或不知有無所屬機關、部隊、學校、機構或僱用人時，應移請事件發生地警察機關調查。

機關、部隊、學校、機構或僱用人，應於申訴或移送到達之日起七日內開始調查，並應於二個月內調查完成；必要時，得延長一個月，並應通知當事人。

前項調查結果應以書面通知當事人及直轄市、縣（市）主管機關。

機關、部隊、學校、機構或僱用人逾期未完成調查或當事人不服其調查結果者，當事人得於期限屆滿或調查結果通知到達之次日起三十日內，向直轄市、縣（市）主管機關提出再申訴。

當事人逾期提出申訴或再申訴時，直轄市、縣（市）主管機關得不予受理。

4. 性騷擾防治法第20條

對他人為性騷擾者，由直轄市、縣（市）主管機關處新臺幣一萬元以上十萬元以下罰鍰。

5. 性騷擾防治法第21條

對於因教育、訓練、醫療、公務、業務、求職或其他相類關係受自己監督、照護之人，利用權勢或機會為性騷擾者，得加重科處罰鍰至二分之一。

6. 性騷擾防治法第25條

意圖性騷擾，乘人不及抗拒而為親吻、擁抱或觸摸其臀部、胸部或其他身體隱私處之行為者，處二年以下有期徒刑、拘役或科或併科新臺幣十萬元以下罰金。

前項之罪，須告訴乃論。

私奔無罪？——和誘罪與略誘罪

> ### 真實案例
>
> #### 略誘少女案
>
> 　　一名家住屏東東港的國三陳姓少女，自 1 月 11 日離家後即告失蹤，陳女家長向東港分局報案協尋，經陳女同學協助訪查後，發現陳女有可能遭居住於八德市綽號阿弘的男子林益弘（26 歲）誘拐離家。八德警方昨天凌晨在桃園市長沙街陽明公園前發現林嫌帶著陳女，於是將其帶回偵訊。經查陳女於去年 12 月初起，在網路聊天室與林嫌認識後即互留電話，在林嫌邀約慫恿下，更於今年 1 月 11 日學校午休時間，與林嫌一同北上，林嫌誘拐陳女後，因躲避警方及陳女家人，先後在臺中、苗栗、新竹等處網咖逗留，晚上則帶同陳女投宿汽車賓館，期間並多次對陳女性侵害。
>
> 　　（節錄自《臺灣日報》，作者劉裕彬）

法律解析

　　未成年人（未滿 20 歲者為未成年人；但自 2023 年 1 月 1 日起，修正為未滿 18 歲者為未成年人）由於身心尚未發展健全，在各方面都需要父母的照顧，因此民法第 1084 條第 2 項規定：「父母對於未成年之子女，有保護及教養之權利義務。」今天如果有人妨礙父親對於未成年子女的保護及教養權，這樣他會受到刑法如何的

處罰呢？

　　刑法第 240 條規定，如果有人沒有得到未成年人父母的同意，就自行與未成年人達成合意「脫離」家庭，那麼誘拐未成年人的人就會觸犯和誘罪，依法得處 3 年以下有期徒刑。有問題的是，這裡的「脫離」是什麼意思？是說只要一離開家庭就算脫離，還是說要達到音訊全無的程度，也就是與父母完全沒有聯絡的程度，才算是脫離？

　　我國法院判例（20 年上字第 1509 號判例）認為，所謂「脫離」是指未成年人與父母完全斷絕往來，使父母陷於不能行使親權（保護及教養權利）之狀況，如果只是誘拐未成年人離開家庭，但是未成年人與父母還有透過手機聯絡，或是仍有以書信互報平安，這樣子就不能算是「脫離」家庭，帶走小孩的人也不會構成犯罪。

　　此外，法院判例（51 年台上字第 3272 號判例）並認為，如果誘拐行為有經過未成年人自己的同意，是屬於和誘罪，依法得處 3 年以下有期徒刑；反之，如果誘拐行為違反未成年人的意願，例如透過強暴、脅迫或詐騙的手段帶走未成年人，此時所觸犯的就不是和誘罪，而是刑法第 241 條的略誘罪，依法得處更重的 1 年以上 7 年以下有期徒刑。

　　案例中林先生透過網路及電話邀約陳姓少女，經過陳女同意後，才一同北上，最後與父母完全斷絕聯絡（失蹤），因此林先生的行為會構成和誘罪，依法得處 3 年以下有期徒刑。

　　值得注意的是，案例中陳女就讀於國中 3 年級，依正常情況，應該未滿 16 歲。而刑法第 241 條第 3 項規定，如果被誘拐的未成年人未滿 16 歲，由於他們的心智發展相較於年滿 16 歲人而言，更加不健全，因此就算有經過他們的同意，仍然視為構成略誘罪，而

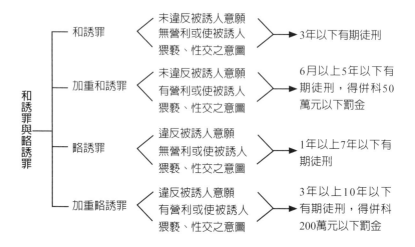

不會構成和誘罪。

　　此外，刑法第 241 條第 2 項規定，若是基於「營利」或是「使被誘人為猥褻行為或性交」之意圖而略誘之，由於惡性更重大，所以會構成加重略誘罪，得處 3 年以上 10 年以下有期徒刑，且得併科 200 萬元以下罰金。

　　案例中林先生在誘拐的過程裡，曾經帶著陳女至汽車賓館發生性關係，因此林先生所觸犯的便是加重略誘罪（林先生另外還會構成刑法第 227 條第 3 項的對未成年人性交罪，依法得處 7 年以下有期徒刑，不過該罪與本罪成立想像競合關係，依刑法第 55 條，只論以法定刑較重的加重略誘罪）。

相關法條

1. 刑法第55條

一行為而觸犯數罪名者，從一重處斷。但不得科以較輕罪名所定最輕本刑以下之刑。

2. 刑法第240條

和誘未成年人脫離家庭或其他有監督權之人者，處三年以下有期徒刑。

和誘有配偶之人脫離家庭者，亦同。

意圖營利，或意圖使被誘人為猥褻之行為或性交，而犯前二項之罪者，處六月以上五年以下有期徒刑，得併科五十萬元以下罰金。

前三項之未遂犯罰之。

3. 刑法第241條

略誘未成年人脫離家庭或其他有監督權之人者，處一年以上七年以下有期徒刑。

意圖營利，或意圖使被誘人為猥褻之行為或性交，而犯前項之罪者，處三年以上十年以下有期徒刑，得併科二百萬元以下罰金。

和誘未滿十六歲之人，以略誘論。

前三項之未遂犯罰之。

4. 刑法第245條第1項

……第二百四十條第二項之罪，須告訴乃論。

5. **刑法施行法第1條之1**

中華民國九十四年一月七日刑法修正施行後，刑法分則編所定罰金之貨幣單位為新臺幣。

九十四年一月七日刑法修正時，刑法分則編未修正之條文定有罰金者，自九十四年一月七日刑法修正施行後，就其所定數額提高為三十倍。但七十二年六月二十六日至九十四年一月七日新增或修正之條文，就其所定數額提高為三倍。

6. **民法第12條（2023年1月1日施行）**

滿十八歲為成年。

7. **民法第1084條第2項**

父母對於未成年之子女，有保護及教養之權利義務。

Unit 8

恐怖情人──強制罪、恐嚇罪與保護令

真實案例

案例一：同志恐嚇案

莊姓女同志與黃姓女子，多年前發展一段「蕾絲邊」的同性情誼，其中打扮男性化的莊女是「T」，黃女則是女性化的「拉子」，平日互以「老公」、「老婆」稱呼彼此。

兩人自 85 年起開始同居，事後黃女還搬進莊女住處，並與莊女家人一起生活，關係密切，相處和睦，如同一家人。但 91 年 6 月間，黃女因故提議分手，表示要搬回老家，莊女不堪女友分手，一再出言恐嚇黃女，表示如果黃女敢搬回去，將對她及其家人不利。莊女告訴黃女，她上任女友曾因同樣原因要提議分手，她就唆使他人開車撞傷女友的姊夫。黃女心生畏懼，一度返回兩人住處。不過，兩人濃情轉淡，92 年 2 月間，黃女利用外出上班之際，未告知莊女就自行離去，此後即未再返回兩人住處，莊女一時找不到黃女，懷疑係黃女二姊故意藏匿黃女。莊女心急之下，以電話恐嚇黃女二姊，要對她們全家不利。全案經檢察官偵結，依恐嚇罪嫌起訴莊女。

（節錄自中時電子報「枕邊人單飛　女同志恐嚇」，作者陳志賢）

案例二：違反保護令案

　　檢方起訴指出，林男對前女友有侵害行為，法院去年 3 月、5 月間分別核發民事暫時保護令，命林男不得對前女友有騷擾、控制、脅迫或其他不法侵害行為，也不得接觸、跟蹤、聯絡前女友，並應遠離前女友住所、工作場所至少 200 公尺，保護令有效期間 1 年 6 月。

　　但去年 7 月 7 日上午 10 點多，林男在北市街道想跟前女友談判，女方不肯並躲進附近商家，林騎車假裝離去，不久折返又找上前女友，向她恫稱如果不跟他說話，就要潑鹽酸，令女方心生畏懼。基隆地檢署偵結，依涉刑法恐嚇危害安全及違反家庭暴力防治法等罪嫌起訴林男。

　　法官審理後指出，林男無視禁令，多次以恐嚇、騷擾方式侵害前女友，造成女方不堪其擾。林男明知前女友對她極度畏懼，避之唯恐不及，仍一而再、再而三干擾被害人生活及工作，被害人一再示警、報警，林仍一再騷擾她及挑戰法律，已對被害人身心造成不安及不便等危害。因此判處林男應執行 2 年徒刑，易科罰金 73 萬元。

　　（節錄自聯合報「4 個月 8 次違反保護令　基隆男暴力糾纏前女友」，作者邱瑞杰）

法律解析

　　強制罪和恐嚇罪（恐嚇危害安全罪）是報章雜誌上經常看到的罪名，有些人也許還親身經歷過。刑法第 304 條規定：「以強暴、脅迫使人行無義務之事或妨害人行使權利者，處三年以下有期徒刑、拘役或九千元以下罰金」，這就是所謂的強制罪。條文中所謂強暴，是指有形的強制力；所謂脅迫，是指無形的強制力（現在惡害之通知，使人心生恐懼，且具急迫性）。

　　另外刑法第 305 條規定：「以加害生命、身體、自由、名譽、財產之事恐嚇他人，致生危害於安全者，處二年以下有期徒刑、拘役或九千元以下罰金」，此即恐嚇危害安全罪。所謂恐嚇，是指無形的強制力，但是與脅迫稍有不同，恐嚇是以將來的惡害通知，使人心生恐懼，較不具急迫性，對被害人的自由意志限制程度較小；脅迫則是以現在的惡害通知，使人心生恐懼，具有急迫性，對被害人自由意志限制程度較大，這是二者最主要的差別，同時也因如此，恐嚇罪的法定刑只有 2 年以下有期徒刑，較強制罪的 3 年以下有期徒刑為輕。另恐嚇罪中所謂致生危害於安全，係以受惡害之通知者心生畏懼而有不安全之感覺為已足，不以發生客觀上之危害為要件（27 年 4 月 17 日刑庭決議）。

　　此外，恐嚇罪不如強制罪般必須使人行無義務之事或妨害人行使權利（意即：使人為一定行為或不為一定行為）；換言之，只要單純的恐嚇對方，讓對方心生恐懼，就會構成恐嚇罪，並不一定要要求對方為特定行為。

　　案例一中莊姓女子為了不讓黃女搬走，向黃女表示：如果黃女敢搬回去，將對她及其家人不利，致使黃女因心生畏懼而返回住

強制罪與恐嚇罪的比較

罪名	法條	手段	目的	法定刑
強制罪	刑法第304條	強暴、脅迫	使人為一定行為或不為一定行為	3年以下有期徒刑、拘役或9,000元以下罰金
恐嚇危害安全罪	刑法第305條	恐嚇	無	2年以下有期徒刑、拘役或9,000元以下罰金

處。由於莊女對黃女表示的內容，係以「將來」惡害之通知，使黃女心生恐懼，尚未具有明顯的急迫性，所以這種行為應屬於恐嚇，不屬於脅迫，依法只構成恐嚇危害安全罪，得處 2 年以下有期徒刑、拘役或 9,000 元以下罰金。另外莊姓女子以電話對黃女二姊表示將對其全家不利的行為，也一樣會構成恐嚇危害安全罪。

為了避免家庭成員之間（現為或曾為配偶、親屬、同居關係；家庭暴力防治法第 3 條）乃至情侶之間（現有或曾有以情感或性行為為基礎的親密關係之未同居伴侶；家庭暴力防治法第 63 條之 1）持續發生身體、精神或經濟上的騷擾、控制、脅迫及其他不法侵害行為，家庭暴力防治法規定被害人得視情況聲請通常保護令、暫時保護令或緊急保護令。

簡單來說，通常保護令是法院依被害人、檢察官、警察機關或各縣（市）主管機關（如：社會局）的聲請所核發的保護令，有效期間為 2 年以下，並得依聲請延長（每次延長為 2 年以下）。暫時保護令是法院在通常保護令審理期間，尚未核發前，為了避免家庭暴力持續發生，先行核發的保護。緊急保護令是法院依聲請人到庭或電話陳述家庭暴力的事實，足認被害人有持續受家庭暴力的急

迫危險時，在 4 小時內核發的保護令。

　　法院如果認為確有家庭暴力的事實且有必要時，應核發包括下列一款或數款內容的通常保護令：1. 禁止對於被害人或其特定家庭成員實施家庭暴力；2. 禁止對於被害人或其特定家庭成員為騷擾、接觸、跟蹤、通話、通信或其他非必要之聯絡行為；3. 命遷出被害人或其特定家庭成員之住居所；必要時，並得禁止就該不動產為使用、收益或處分行為；4. 命遠離下列場所特定距離：被害人或其特定家庭成員之住居所、學校、工作場所或其他經常出入之特定場所；5. 定汽車、機車及其他個人生活上、職業上或教育上必需品之使用權；必要時，並得命交付之；6. 定暫時對未成年子女權利義務之行使或負擔，由當事人之一方或雙方共同任之、行使或負擔之內容及方法；必要時，並得命交付子女；7. 定對未成年子女會面交往之時間、地點及方式；必要時，並得禁止會面交往；8. 命給付被害人住居所之租金或被害人及其未成年子女之扶養費；9. 命交付被害人或特定家庭成員之醫療、輔導、庇護所或財物損害等費用；10. 命完成加害人處遇計畫；11. 命負擔相當之律師費用；12. 禁止查閱被害人及未成年子女戶籍、學籍、所得來源相關資訊；13. 命其他保護被害人或其特定家庭成員之必要命令（家庭暴力防治法第 14 條第 1 項）。

　　法院核發前述保護令之後，如果「恐怖情人」或加害人違反其中第 1 款、第 2 款、第 3 款、第 4 款、第 10 款的內容，就會成立違反保護令罪，得處 3 年以下有期徒刑、拘役或科或併科新臺幣 10 萬元以下罰金（家庭暴力防治法第 61 條）。

　　案例二中法院早已核發暫時保護令，命林男不得對前女友有騷擾、控制、脅迫或其他不法侵害行為，也不得接觸、跟蹤、聯絡前

女友，並應遠離前女友住所、工作場所至少 200 公尺，但林男卻在 4 個月內 8 次違反保護令，向前女友恫稱如果不跟他說話，就要潑鹽酸，令女方心生畏懼。因此法院認定林男的行爲除了會成立刑法第 305 條的恐嚇危害安全罪之外，也會成立家庭暴力防治法第 61 條的違反保護令罪，判處林男應執行 2 年有期徒刑，易科罰金 73 萬元。

相關法條

1. 刑法第304條

以強暴、脅迫使人行無義務之事或妨害人行使權利者，處三年以下有期徒刑、拘役或九千元以下罰金。

前項之未遂犯罰之。

2. 刑法第305條

以加害生命、身體、自由、名譽、財產之事恐嚇他人，致生危害於安全者，處二年以下有期徒刑、拘役或九千元以下罰金。

3. 家庭暴力防治法第2條

本法用詞定義如下：

一、家庭暴力：指家庭成員間實施身體、精神或經濟上之騷擾、控制、脅迫或其他不法侵害之行爲。

二、家庭暴力罪：指家庭成員間故意實施家庭暴力行爲而成立其他法律所規定之犯罪。

三、目睹家庭暴力：指看見或直接聽聞家庭暴力。

四、騷擾：指任何打擾、警告、嘲弄或辱罵他人之言語、動作

　　或製造使人心生畏怖情境之行為。

五、跟蹤：指任何以人員、車輛、工具、設備、電子通訊或其
　　他方法持續性監視、跟追或掌控他人行蹤及活動之行為。

六、加害人處遇計畫：指對於加害人實施之認知教育輔導、親
　　職教育輔導、心理輔導、精神治療、戒癮治療或其他輔
　　導、治療。

4. 家庭暴力防治法第3條

本法所定家庭成員，包括下列各員及其未成年子女：

一、配偶或前配偶。

二、現有或曾有同居關係、家長家屬或家屬間關係者。

三、現為或曾為直系血親或直系姻親。

四、現為或曾為四親等以內之旁系血親或旁系姻親。

5. 家庭暴力防治法第9條

民事保護令（以下簡稱保護令）分為通常保護令、暫時保護令
及緊急保護令。

6. 家庭暴力防治法第10條

被害人得向法院聲請通常保護令、暫時保護令；被害人為未成
年人、身心障礙者或因故難以委任代理人者，其法定代理人、
三親等以內之血親或姻親，得為其向法院聲請之。

檢察官、警察機關或直轄市、縣（市）主管機關得向法院聲請
保護令。

保護令之聲請、撤銷、變更、延長及抗告，均免徵裁判費，並
準用民事訴訟法第七十七條之二十三第四項規定。

7. 家庭暴力防治法第12條

保護令之聲請，應以書面為之。但被害人有受家庭暴力之急迫危險者，檢察官、警察機關或直轄市、縣（市）主管機關，得以言詞、電信傳真或其他科技設備傳送之方式聲請緊急保護令，並得於夜間或休息日為之。

前項聲請得不記載聲請人或被害人之住居所，僅記載其送達處所。

法院為定管轄權，得調查被害人之住居所。經聲請人或被害人要求保密被害人之住居所，法院應以秘密方式訊問，將該筆錄及相關資料密封，並禁止閱覽。

8. 家庭暴力防治法第14條

法院於審理終結後，認有家庭暴力之事實且有必要者，應依聲請或依職權核發包括下列一款或數款之通常保護令：

一、禁止相對人對於被害人、目睹家庭暴力兒童及少年或其特定家庭成員實施家庭暴力。

二、禁止相對人對於被害人、目睹家庭暴力兒童及少年或其特定家庭成員為騷擾、接觸、跟蹤、通話、通信或其他非必要之聯絡行為。

三、命相對人遷出被害人、目睹家庭暴力兒童及少年或其特定家庭成員之住居所；必要時，並得禁止相對人就該不動產為使用、收益或處分行為。

四、命相對人遠離下列場所特定距離：被害人、目睹家庭暴力兒童及少年或其特定家庭成員之住居所、學校、工作場所或其他經常出入之特定場所。

五、定汽車、機車及其他個人生活上、職業上或教育上必需品
　　之使用權；必要時，並得命交付之。

六、定暫時對未成年子女權利義務之行使或負擔，由當事人之
　　一方或雙方共同任之、行使或負擔之內容及方法；必要
　　時，並得命交付子女。

七、定相對人對未成年子女會面交往之時間、地點及方式；必
　　要時，並得禁止會面交往。

八、命相對人給付被害人住居所之租金或被害人及其未成年子
　　女之扶養費。

九、命相對人交付被害人或特定家庭成員之醫療、輔導、庇護
　　所或財物損害等費用。

十、命相對人完成加害人處遇計畫。

十一、命相對人負擔相當之律師費用。

十二、禁止相對人查閱被害人及受其暫時監護之未成年子女戶
　　　籍、學籍、所得來源相關資訊。

十三、命其他保護被害人、目睹家庭暴力兒童及少年或其特定
　　　家庭成員之必要命令。

法院為前項第六款、第七款裁定前，應考量未成年子女之最佳
利益，必要時並得徵詢未成年子女或社會工作人員之意見。

第一項第十款之加害人處遇計畫，法院得逕命相對人接受認知
教育輔導、親職教育輔導及其他輔導，並得命相對人接受有無
必要施以其他處遇計畫之鑑定；直轄市、縣（市）主管機關得
於法院裁定前，對處遇計畫之實施方式提出建議。

第一項第十款之裁定應載明處遇計畫完成期限。

9. 家庭暴力防治法第15條

通常保護令之有效期間爲二年以下，自核發時起生效。

通常保護令失效前，法院得依當事人或被害人之聲請撤銷、變更或延長之。延長保護令之聲請，每次延長期間爲二年以下。

檢察官、警察機關或直轄市、縣（市）主管機關得爲前項延長保護令之聲請。

通常保護令所定之命令，於期間屆滿前經法院另爲裁判確定者，該命令失其效力。

10. 家庭暴力防治法第16條

法院核發暫時保護令或緊急保護令，得不經審理程序。

法院爲保護被害人，得於通常保護令審理終結前，依聲請或依職權核發暫時保護令。

法院核發暫時保護令或緊急保護令時，得依聲請或依職權核發第十四條第一項第一款至第六款、第十二款及第十三款之命令。

法院於受理緊急保護令之聲請後，依聲請人到庭或電話陳述家庭暴力之事實，足認被害人有受家庭暴力之急迫危險者，應於四小時內以書面核發緊急保護令，並得以電信傳眞或其他科技設備傳送緊急保護令予警察機關。

聲請人於聲請通常保護令前聲請暫時保護令或緊急保護令，其經法院准許核發者，視爲已有通常保護令之聲請。

暫時保護令、緊急保護令自核發時起生效，於聲請人撤回通常保護令之聲請、法院審理終結核發通常保護令或駁回聲請時失其效力。

暫時保護令、緊急保護令失效前，法院得依當事人或被害人之
聲請或依職權撤銷或變更之。

11. 家庭暴力防治法第61條

違反法院依第十四條第一項、第十六條第三項所為之下列裁定
者，為本法所稱違反保護令罪，處三年以下有期徒刑、拘役或
科或併科新臺幣十萬元以下罰金：

一、禁止實施家庭暴力。

二、禁止騷擾、接觸、跟蹤、通話、通信或其他非必要之聯絡
　　行為。

三、遷出住居所。

四、遠離住居所、工作場所、學校或其他特定場所。

五、完成加害人處遇計畫。

12. 家庭暴力防治法第63條之1

被害人年滿十六歲，遭受現有或曾有親密關係之未同居伴侶施
以身體或精神上不法侵害之情事者，準用第九條至第十三條、
第十四條第一項第一款、第二款、第四款、第九款至第十三
款、第三項、第四項、第十五條至第二十條、第二十一條第一
項第一款、第三款至第五款、第二項、第二十七條、第二十八
條、第四十八條、第五十條之一、第五十二條、第五十四條、
第五十五條及第六十一條之規定。

前項所稱親密關係伴侶，指雙方以情感或性行為為基礎，發展
親密之社會互動關係。

本條自公布後一年施行。

Unit 9

援助交際——與未成年人性交易罪

真實案例

3P援交案

　　板橋警方前天深夜 11：30，將小君、小華從新店市某旅館前帶回警局偵訊。據調查，兩名少女原就讀當地私立高職，因為愛玩所以休學，並透過網路結識。小君、小華前晚在 UT 網站的「北部人聊天室」，和上網員警洽談性交易。她們說，因為想去金門看入伍服役的乾哥，才想到用援交籌措旅費。由於網友多不願意和未成年人性交易，因此兩女選擇降低收費，「3P」只收 4,000 元。為怕男客得逞不付帳，兩名少女強調進旅館前先付 2,000 元，事後再補 2,000 元。

　　員警懷疑她們經常上網援交，但她們辯稱是第 1 次援交，讓員警無法究辦曾和她們性交易的男客。員警訓誡少女後通知家長，發現 2 人家境皆不差。少女家長非常生氣，卻對女兒的行徑無可奈何。

　　（節錄自中時電子報「籌錢去金門看乾哥　兩少女下海玩3P」一文，作者張力可）

法律解析

　　性交易係指有對價的性交或猥褻行為，應否合法化，一直是個見仁見智的問題。在我國，依社會秩序維護法第 80 條第 1 款規定，

除非直轄市、縣（市）政府有通過自治條例規劃性交易專區（即所謂紅燈區），否則一般而言，從事性交易的雙方（嫖客與性工作者），均須處新臺幣 3 萬元以下罰鍰。

其次，兒童及少年性剝削防制條例第 31 條第 2 項規定：「十八歲以上之人與十六歲以上未滿十八歲之人為有對價的性交或猥褻行為者，處三年以下有期徒刑、拘役或新臺幣十萬元以下罰金」，由此可見，如果一方已年滿 18 歲，而與未滿 18 歲的人從事性交易，就會成立「與未成年人性交易罪」，須處 3 年以下有期徒刑、拘役或新臺幣 10 萬元以下罰金。反之，如果一方未滿 18 歲，則雖與未滿 18 歲的人從事性交易，仍不會成立「與未成年人性交易罪」。

大家應該還記得，刑法規定與未滿 16 歲的人發生性交或猥褻行為，會構成與未成年人性交、猥褻罪。兒童及少年性剝削防制條例也有注意到這點，因此該條例第 31 條第 1 項規定：「與未滿十六歲之人為有對價的性交或猥褻行為者，依刑法之規定處罰之」，換言之，如果一方是與未滿 16 歲的人進行性交易，所構成的犯罪應該是刑法第 227 條的與未成年人性交、猥褻罪，而不是兒童及少年性剝削防制條例第 31 條的與未成年人性交易罪（而且在與未成年人性交、猥褻罪的情況，無論一方是否年滿 18 歲，都必須依照刑法的規定處罰，不得與兒童及少年性剝削防制條例第 31 條第 2 項一樣，主張自己係未滿 18 歲而不受罰）。

案例中二位就讀於高職的未成年少女小君、小華，為了籌錢去金門看乾哥哥（真的假的？）所以上網援交，為了削價競爭，「3P」居然只收 4,000 元。假設今天真的有人要「援助」她們，依據前述說明，小君、小華如果未滿 16 歲（就讀高一），嫖客所觸犯的應是刑法第 227 條的與未成年人性交、猥褻罪；而若小君、小

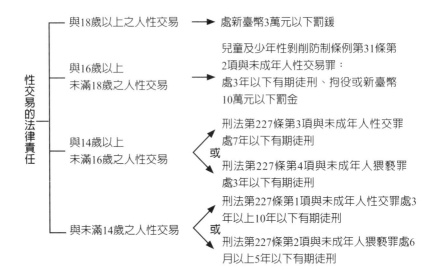

華年滿 16 歲但未滿 18 歲（就讀高二或高三），嫖客所觸犯的就是兒童及少年性剝削防制條例第 31 條第 2 項的與未成年人性交易罪。

　　不過案例中小君、小華最後並未進行「援交」，所以她們不會構成社會秩序維護法的犯罪，至於有可能構成什麼犯罪呢？我們留待下一單元再進行討論。

相關法條

1. 兒童及少年性剝削防制條例第2條

本條例所稱兒童或少年性剝削，係指下列行為之一：

一、使兒童或少年為有對價之性交或猥褻行為。

二、利用兒童或少年為性交、猥褻之行為，以供人觀覽。

三、拍攝、製造兒童或少年為性交或猥褻行為之圖畫、照片、

影片、影帶、光碟、電子訊號或其他物品。

四、利用兒童或少年從事坐檯陪酒或涉及色情之伴遊、伴唱、
　　伴舞等行為。

本條例所稱被害人，係指遭受性剝削或疑似遭受性剝削之兒童
或少年。

2. 兒童及少年性剝削防制條例第31條

與未滿十六歲之人為有對價之性交或猥褻行為者，依刑法之規
定處罰之。

十八歲以上之人與十六歲以上未滿十八歲之人為有對價之性交
或猥褻行為者，處三年以下有期徒刑、拘役或新臺幣十萬元以
下罰金。

中華民國人民在中華民國領域外犯前二項之罪者，不問犯罪地
之法律有無處罰規定，均依本條例處罰。

3. 社會秩序維護法第80條

有下列各款行為之一者，處新臺幣三萬元以下罰鍰：

一、從事性交易。但符合第九十一條之一第一項至第三項之自
　　治條例規定者，不適用之。

二、在公共場所或公眾得出入之場所，意圖與人性交易而拉
　　客。

4. 社會秩序維護法第91條之1

直轄市、縣（市）政府得因地制宜，制定自治條例，規劃得從
事性交易之區域及其管理。

前項自治條例，應包含下列各款規定：

一、該區域於都市計畫地區，限於商業區範圍內。

二、該區域於非都市土地，限於以供遊憩為主之遊憩用地範圍內。但不包括兒童或青少年遊憩場。

三、前二款之區域，應與學校、幼兒園、寺廟、教會（堂）等建築物保持適當之距離。

四、性交易場所應辦理登記及申請執照，未領有執照，不得經營性交易。

五、曾犯刑法第二百三十一條、第二百三十一條之一、第二百三十三條、第二百四十條、第二百四十一條、第二百九十六條之一、兒童及少年性交易防制條例第二十三條至第二十七條、兒童及少年性剝削防制條例第三十二條至第三十七條或人口販運防制法之罪，經判決有罪者，不得擔任性交易場所之負責人。

六、性交易場所之負責人犯前款所定之罪，經判決有罪者，撤銷或廢止性交易場所執照。

七、性交易服務者，應辦理登記及申請證照，並定期接受健康檢查。性交易場所負責人，亦應負責督促其場所內之性交易服務者定期接受健康檢查。

八、性交易服務者犯刑法第二百八十五條或人類免疫缺乏病毒傳染防治及感染者權益保障條例第二十一條之罪者，撤銷或廢止其證照。

九、性交易服務者經健康檢查發現有前款所定之疾病者，吊扣其證照，依法通知其接受治療，並於治療痊癒後發還證照。

十、不得有意圖性交易或媒合性交易，於公共場所或公眾得出

　　入之場所廣告之行為。

本法中華民國一百年十一月四日修正之條文施行前，已依直轄市、縣（市）政府制定之自治條例管理之性交易場所，於修正施行後，得於原地址依原自治條例之規定繼續經營。

依前二項規定經營性交易場所者，不適用刑法第二百三十一條之規定。

直轄市、縣（市）政府應依第八十條、本條第一項及第二項性交易服務者之申請，提供輔導轉業或推介參加職業訓練。

2

網路生活與刑法

Unit ① 情色聊天室──散布性交易訊息罪

真實案例

網路援交案

　　嘉義市警一分局行政組員警前天深夜 11 時許執行網路巡邏勤務時,在「南部人聊天室」網站中發現有人以「缺,想要,2500,167 / 49」爲名稱,登載「你元口,2500,電話聯絡,你打給我,瑋瑋」。員警認爲散播援交訊息明顯,立刻撥打網上留的電話,邀約「瑋瑋」在嘉義市新榮街一家超商見面。

　　不久,員警看到 2 名妙齡女子在超商出現,嚇了一跳,詢問才確定是「二人同行」,員警立刻表明身分,確認兩人在網站刊登援交訊息後,立刻帶回偵訊,調閱資料,發現 2 人均未成年。兩人穿著、裝扮很男性化,她們自承是女同志,因 16 歲少女欠了 1 萬 4,000 元行動電話費無法償還,17 歲少女要協助籌錢,才上網散布訊息。

　　(節錄自《聯合報》「上網聊援交　少女同志雙被逮」,作者熊迺祺)

法律解析

　　這個案例和上一單元的案例有一點像,但是又有些不一樣,像的地方在於二者都是透過網路來進行援交訊息傳遞,不一樣的地方

則在於這一單元裡的瑋瑋有公開登載「你元ㄇ，2500，電話聯絡，你打給我，瑋瑋」，而上一單元的小君、小華則沒有，因此雖然她們後來都沒有真的進行性交易（因為都被警察抓了），但是瑋瑋卻有可能犯罪，小君、小華則較不可能犯罪。為什麼會這樣子呢？

瑋瑋在這裡觸犯的是兒童及少年性剝削防制條例第 40 條的散布性交易訊息罪。該條文規定：「以宣傳品、出版品、廣播、電視、電信、網際網路或其他方法，散布、傳送、刊登或張貼足以引誘、媒介、暗示或其他使兒童或少年有遭受第二條第一項第一款至第三款之虞之訊息者，處三年以下有期徒刑，得併科新臺幣一百萬元以下罰金。」條文規定的行為態樣包羅萬象，簡單地說，透過一切方法將性交易的訊息散布於眾，就會被處 3 年以下有期徒刑，並可能同時被科新臺幣 100 萬元以下罰金。

案例中，沒有嫖客（警察只是假裝嫖客），瑋瑋也沒有進行性交易，但是問題出在瑋瑋是以「缺，想要，2500，167／49」為名稱，公開登載「你元ㄇ，2500，電話聯絡，你打給我，瑋瑋」的訊息，由於這個公開的訊息可以被不特定或多數的網友看到，而且訊息的內容是直接表明想要援交，屬於引誘、媒介他人為性交易之訊息，因此就算瑋瑋後來沒有進行性交易，仍然會因公開登載這樣的訊息，而觸犯散布性交易訊息罪，依法會被處 3 年以下有期徒刑並可能同時被科新臺幣 100 萬元以下罰金，這樣的刑責，遠遠重於實際從事援交者「處新臺幣三萬元以下罰鍰」之處罰（社會秩序維護法第 80 條）。

過去曾經也有人在網路聊天室和別人洽談性交易，但是法院最後卻判決無罪，為什麼呢？因為法官查證後發現，被告開設的聊天室屬於私人聊天室，也就是說室長（開聊天室的人，即援交妹）將

該聊天室設定為一對一交談，因此即便她與別人洽談性交易價碼，也不會被第三人看到，所以不符合條文中「散布、傳送、刊登或張貼」之定義。

　　兒童及少年性剝削防制條例第 40 條的立法目的，主要是在保障未成年人免於受到誘惑而進行性交易，但是也有不少法律學者認為本條文的法定刑過重，實際從事援交的人才罰新臺幣 3 萬元以下罰鍰，刊登性交易訊息卻要罰 3 年以下有期徒刑並得科新臺幣 100 萬元以下罰金，此對於人民的言論自由似乎有過度妨礙之虞，不符合憲法第 23 條的比例原則。關於此，大法官會議解釋第 623 號解釋文表示：「行為人所傳布之訊息如非以兒童少年性交易或促使其為性交易為內容，且已採取必要之隔絕措施，使其訊息之接收人僅限於十八歲以上之人者，即不屬該條規定規範之範圍。」並認為：「上開規定乃為達成防制、消弭以兒童少年為性交易對象事件之國家重大公益目的，所採取之合理與必要手段，與憲法第 23 條規定之比例原則，尚無牴觸。」

　　最後要提醒讀者的是，條文中所謂的「散布、傳送、刊登或張貼」還包括散布電子信件、群組發送簡訊、散發情色傳單、到處在汽機車上貼小貼紙（AV 女外出，全套，0958XXXXXX）、刊登電視廣告等行為，因此讀者如果有從事發送廣告單等工作，必須特別注意廣告單內容是否含有引誘、媒介、暗示或其他使兒童或少年為性交易之虞之訊息，否則將有可能觸犯散布性交易訊息罪。

相關法條

1. 兒童及少年性剝削防制條例第40條

以宣傳品、出版品、廣播、電視、電信、網際網路或其他方法，散布、傳送、刊登或張貼足以引誘、媒介、暗示或其他使兒童或少年有遭受第二條第一項第一款至第三款之虞之訊息者，處三年以下有期徒刑，得併科新臺幣一百萬元以下罰金。

意圖營利而犯前項之罪者，處五年以下有期徒刑，得併科新臺幣一百萬元以下罰金。

2. 大法官會議解釋第623號解釋文（節錄）

……兒童及少年性剝削防制條例第 40 條規定：「以宣傳品、出版品、廣播、電視、電信、網際網路或其他方法，散布、傳送、刊登或張貼足以引誘、媒介、暗示或其他使兒童或少年有遭受第二條第一項第一款至第三款之虞之訊息者，處三年以下有期徒刑，得併科新臺幣一百萬元以下罰金。」乃以科處刑罰之方式，限制人民傳布任何以兒童少年性交易或促使其為性交易為內容之訊息，或向兒童少年或不特定年齡之多數人，傳布足以促使一般人為性交易之訊息。是行為人所傳布之訊息如非以兒童少年性交易或促使其為性交易為內容，且已採取必要之隔絕措施，使其訊息之接收人僅限於 18 歲以上之人者，即不屬該條規定規範之範圍。……

網路脫衣秀──公然猥褻罪與散布猥褻資訊罪

真實案例

視訊脫衣美眉案

　　根據警方觀察，「視訊脫衣美眉」網站在各大網路聊天室散布言詞曖昧廣告信，內容全是視訊美眉煽情照片及聳動挑逗文字，藉以吸引網友加入會員，公司再以現金購買點數、播打付費電話、信用卡繳款、ATM 轉帳、郵政劃撥、Hinet 小額付款、便利商店代收款項等多種方式收費。

　　根據刑事局偵九隊查訪，視訊網站運作，區分為「一對多」及「一對一」型態，前者收費較低，每分鐘 1～6 元不等，較便宜，也沒有「可看性」；後者收費較高，每分鐘約 20～50 元不等，但有全裸視訊可看。警方分析指出，視訊美眉不必有經驗，只要在網路攝影機前面寬衣解帶，做煽情挑逗狀即可，因此吸引很多年輕美眉主動上門應徵，再依所得點數與業者拆帳。

　　（節錄自《大紀元》「視訊色情觸犯妨害風化罪　業者勿心存僥倖」，作者孫承武）

法律解析

　　網路科技日新月異，除了有人利用網路登載性交易訊息洽談性交易外，更有人透過網路視訊科技將「美眉」們的脫衣畫面傳送給

電腦螢幕前的會員們欣賞，針對於此，國內是否有法可管？

　　針對網路業者以「一對多」方式傳送脫衣「美眉」影像的行為，刑法第 235 條第 1 項規定：「散布、播送或販賣猥褻之文字、圖畫、聲音、影像或其他物品，或公然陳列，或以他法供人觀覽、聽聞者，處二年以下有期徒刑、拘役或科或併科九萬元以下罰金」，關於這個條文的適用，大法官會議解釋第 617 號解釋文說：「刑法第 235 條第 1 項規定所謂散布、播送、販賣、公然陳列猥褻之資訊或物品，或以他法供人觀覽、聽聞之行為，係指對含有暴力、性虐待或人獸性交等而無藝術性、醫學性或教育性價值之猥褻資訊或物品為傳布，或對其他客觀上足以刺激或滿足性慾，而令一般人感覺不堪呈現於眾或不能忍受而排拒之猥褻資訊或物品，未採取適當之安全隔絕措施而傳布，使一般人得以見聞之行為。」換言之，如果案例中視訊「美眉」的影像是屬於「暴力、性虐待或人獸性交等猥褻資訊」，網路業者以「一對多」的方式傳布給他人觀看，就會成立刑法第 235 條第 1 項的散布猥褻資訊罪；而如果視訊「美眉」的影像是屬於「其他客觀上足以刺激或滿足性慾，而令一般人感覺不堪呈現於眾或不能忍受而排拒之猥褻資訊」（例如：全裸、性行為等，其程度較暴力、性虐待、人獸性交等輕微），網路業者尚必須「未採取適當之安全隔絕措施」而以「一對多」的方式傳布給他人觀看，才會成立前述犯罪；如果網路業者「已採取適當之安全隔絕措施」，例如：只開放給年滿 18 歲的會員觀看，此時就不會成立前述犯罪。

　　「一對多」傳送情色影像是否會觸法已如前述，那麼「一對一」呢？由於刑法散布猥褻資訊罪中規定的「散布」、「播送」、「販賣」、「陳列」及「他法」，均是指使不特定人或多數人得以

共見共聞猥褻資訊的方法而言，因此如果網路業者是採「一對一」的方式播送「美眉」脫衣影像，由於對象既不是「不特定人」也不是「多數人」，所以原則上不會構成犯罪。但是，網路業者在此時仍須特別注意兒童及少年福利與權益保障法第 43 條、第 91 條規定，換言之，網路業者仍不得把這些情色影像提供或播送給未滿18 歲的人觀看，否則得處新臺幣 5 萬元以上 25 萬元以下罰鍰，並公布其姓名或名稱及命其限期改善；屆期未改善者，得按次處罰；情節嚴重者，並得勒令停業 1 個月以上 1 年以下。

　　綜上所述，案例中網路業者以「一對多」的網路直播方式，將「美眉」們煽情挑逗的影像播送給多數的會員欣賞，如果影像內容不屬於暴力、性虐待、人獸性交，因網路業者只開放給已加入會員的人觀看，所以只要會員年滿 18 歲，原則上網路業者的行為不會構成犯罪。至於「一對一」提供「美眉」全裸影像部分，由於不符散布的要件，所以只要會員年滿 18 歲，原則上也不會受到處罰。

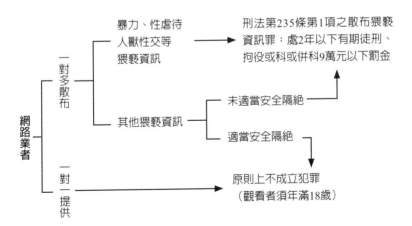

　　以上講的都是網路業者的刑責，接下來我們來說明在鏡頭前搔首弄姿的脫衣「美眉」們會構成什麼犯罪？刑法第 234 條規定：「意圖供人觀覽，公然為猥褻之行為者，處一年以下有期徒刑、拘役或九千元以下罰金」，而且若行為人是「意圖營利」而觸犯此罪，還要加重其刑至 2 年以下有期徒刑、拘役或科或併科 3 萬元以下罰金，這就是所謂的公然猥褻罪及加重公然猥褻罪。

　　案例中脫衣美眉故意在鏡頭前寬衣解帶，應認為有供人觀覽之意圖，而且事後可以依照所得「點數」與網路業者「拆帳」分紅，所以也具有營利的意圖，有問題的是，傳送影像的方式究竟是「一對多」還是「一對一」？依據公然猥褻罪的規定，脫衣美眉必須是「公然」為猥褻之行為才會構成犯罪，所謂「公然」是指不特定人或多數人得以共見共聞之狀態（院字第 2033 號解釋），因此脫衣美眉必須要在「一對多」傳輸的鏡頭前寬衣解帶，才會符合「公然」要件而構成加重公然猥褻罪；反之，若只是在「一對一」傳輸的鏡頭前寬衣解帶，由於不符合「公然」的要件，所以原則上不會構成

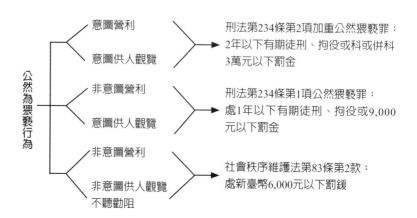

犯罪（會員須年滿 18 歲）。

　　最後補充一個常見的問題，如果有一對情侶在校園裡情不自禁的進行擁抱、接吻等猥褻行為，然後「不小心」被別人看到，這樣會不會構成公然猥褻罪呢？依據前揭說明，由於他們是「不小心」被看到，並不具備供人觀覽的主觀意圖，所以不會構成公然猥褻罪。但是這不代表他們就可以無視旁人感受地為所欲為，因為社會秩序維護法第 83 條第 2 款仍規定，於公共場所或公眾得出入之場所，任意裸體或為放蕩之姿勢，而有妨害善良風俗，不聽勸阻者，仍得處以新臺幣 6,000 元以下罰鍰，所以如果他們經人勸阻而不聽，堅持在公共場所繼續為「放蕩之姿勢」，仍會違反社會秩序維護法而遭致處罰。

相關法條

1. 刑法第234條

意圖供人觀覽，公然為猥褻之行為者，處一年以下有期徒刑、拘役或九千元以下罰金。

意圖營利犯前項之罪者，處二年以下有期徒刑、拘役或科或併科三萬元以下罰金。

2. 刑法第235條

散布、播送或販賣猥褻之文字、圖畫、聲音、影像或其他物品，或公然陳列，或以他法供人觀覽、聽聞者，處二年以下有期徒刑、拘役或科或併科九萬元以下罰金。

意圖散布、播送、販賣而製造、持有前項文字、圖畫、聲音、

影像及其附著物或其他物品者，亦同。

前二項之文字、圖畫、聲音或影像之附著物及物品，不問屬於犯人與否，沒收之。

3. 兒童及少年福利與權益保障法第2條

本法所稱兒童及少年，指未滿十八歲之人；所稱兒童，指未滿十二歲之人；所稱少年，指十二歲以上未滿十八歲之人。

4. 兒童及少年福利與權益保障法第43條

兒童及少年不得爲下列行爲：

一、吸菸、飲酒、嚼檳榔。

二、施用毒品、非法施用管制藥品或其他有害身心健康之物質。

三、觀看、閱覽、收聽或使用有害其身心健康之暴力、血腥、色情、猥褻、賭博之出版品、圖畫、錄影節目帶、影片、光碟、磁片、電子訊號、遊戲軟體、網際網路內容或其他物品。

四、在道路上競駛、競技或以蛇行等危險方式駕車或參與其行爲。

五、超過合理時間持續使用電子類產品，致有害身心健康。

父母、監護人或其他實際照顧兒童及少年之人，應禁止兒童及少年爲前項各款行爲。

任何人均不得販賣、交付或供應第一項第一款至第三款之物質、物品予兒童及少年。

任何人均不得對兒童及少年散布或播送第一項第三款之內容或物品。

5. 兒童及少年福利與權益保障法第91條

父母、監護人或其他實際照顧兒童及少年之人，違反第四十三條第二項規定，情節嚴重者，處新臺幣一萬元以上五萬元以下罰鍰。

販賣、交付或供應酒或檳榔予兒童及少年者，處新臺幣一萬元以上十萬元以下罰鍰。

販賣、交付或供應毒品、非法供應管制藥品或其他有害身心健康之物質予兒童及少年者，處新臺幣六萬元以上三十萬元以下罰鍰。

販賣、交付或供應有關暴力、血腥、色情或猥褻出版品、圖畫、錄影節目帶、影片、光碟、電子訊號、遊戲軟體或其他物品予兒童及少年者，處新臺幣二萬元以上十萬元以下罰鍰。

違反第四十三條第四項規定者，除新聞紙依第四十五條及第九十三條規定辦理外，處新臺幣五萬元以上二十五萬元以下罰鍰，並公布其姓名或名稱及命其限期改善；屆期未改善者，得按次處罰；情節嚴重者，並得由主管機關移請目的事業主管機關勒令停業一個月以上一年以下。

6. 社會秩序維護法第83條

有下列各款行為之一者，處新臺幣六千元以下罰鍰：

一、故意窺視他人臥室、浴室、廁所、更衣室，足以妨害其隱私者。

二、於公共場所或公眾得出入之場所，任意裸體或為放蕩之姿勢，而有妨害善良風俗，不聽勸阻者。

三、以猥褻之言語、舉動或其他方法，調戲他人者。

7. 大法官會議解釋第407號解釋文

主管機關基於職權因執行特定法律之規定，得為必要之釋示，以供本機關或下級機關所屬公務員行使職權時之依據。行政院新聞局中華民國 81 年 2 月 10 日（81）強版字第 02275 號函係就出版品記載內容觸犯刑法第 235 條猥褻罪而違反出版法第 32 條第 3 款之禁止規定，所為例示性解釋，並附有足以引起性慾等特定條件，而非單純刊登文字、圖畫即屬相當，符合上開出版法規定之意旨，與憲法尚無牴觸。惟猥褻出版品，乃指一切在客觀上，足以刺激或滿足性慾，並引起普通一般人羞恥或厭惡感而侵害性的道德感情，有礙於社會風化之出版品而言。猥褻出版品與藝術性、醫學性、教育性等出版品之區別，應就出版品整體之特性及其目的而為觀察，並依當時之社會一般觀念定之。又有關風化之觀念，常隨社會發展、風俗變異而有所不同，主管機關所為釋示，自不能一成不變，應基於尊重憲法保障人民言論出版自由之本旨，兼顧善良風俗及青少年身心健康之維護，隨時檢討改進。至於個別案件是否已達猥褻程度，法官於審判時應就具體案情，依其獨立確信之判斷，認定事實，適用法律，不受行政機關函釋之拘束，乃屬當然。

8. 大法官會議解釋第617號解釋文

憲法第 11 條保障人民之言論及出版自由，旨在確保意見之自由流通，使人民有取得充分資訊及實現自我之機會。性言論之表現與性資訊之流通，不問是否出於營利之目的，亦應受上開憲法對言論及出版自由之保障。惟憲法對言論及出版自由之保障並非絕對，應依其性質而有不同之保護範疇及限制之準則，國

家於符合憲法第 23 條規定意旨之範圍內，得以法律明確規定對之予以適當之限制。

為維持男女生活中之性道德感情與社會風化，立法機關如制定法律加以規範，則釋憲者就立法者關於社會多數共通價值所為之判斷，原則上應予尊重。惟為貫徹憲法第 11 條保障人民言論及出版自由之本旨，除為維護社會多數共通之性價值秩序所必要而得以法律加以限制者外，仍應對少數性文化族群依其性道德感情與對社會風化之認知而形諸為性言論表現或性資訊流通者，予以保障。

刑法第 235 條第 1 項規定所謂散布、播送、販賣、公然陳列猥褻之資訊或物品，或以他法供人觀覽、聽聞之行為，係指對含有暴力、性虐待或人獸性交等而無藝術性、醫學性或教育性價值之猥褻資訊或物品為傳布，或對其他客觀上足以刺激或滿足性慾，而令一般人感覺不堪呈現於眾或不能忍受而排拒之猥褻資訊或物品，未採取適當之安全隔絕措施而傳布，使一般人得以見聞之行為；同條第 2 項規定所謂意圖散布、播送、販賣而製造、持有猥褻資訊、物品之行為，亦僅指意圖傳布含有暴力、性虐待或人獸性交等而無藝術性、醫學性或教育性價值之猥褻資訊或物品而製造、持有之行為，或對其他客觀上足以刺激或滿足性慾，而令一般人感覺不堪呈現於眾或不能忍受而排拒之猥褻資訊或物品，意圖不採取適當安全隔絕措施之傳布，使一般人得以見聞而製造或持有該等猥褻資訊、物品之情形，至對於製造、持有等原屬散布、播送及販賣等之預備行為，擬制為與散布、播送及販賣等傳布性資訊或物品之構成要件行為具有相同之不法程度，乃屬立法之形成自由；同條第 3 項規定

針對猥褻之文字、圖畫、聲音或影像之附著物及物品，不問屬
於犯人與否，一概沒收，亦僅限於違反前二項規定之猥褻資訊
附著物及物品。依本解釋意旨，上開規定對性言論之表現與性
資訊之流通，並未爲過度之封鎖與歧視，對人民言論及出版自
由之限制尚屬合理，與憲法第 23 條之比例原則要無不符，並未
違背憲法第 11 條保障人民言論及出版自由之本旨。

刑法第 235 條規定所稱猥褻之資訊、物品，其中「猥褻」雖屬
評價性之不確定法律概念，然所謂猥褻，指客觀上足以刺激或
滿足性慾，其內容可與性器官、性行爲及性文化之描繪與論述
聯結，且須以引起普通一般人羞恥或厭惡感而侵害性的道德感
情，有礙於社會風化者爲限（本院釋字第 407 號解釋參照），
其意義並非一般人難以理解，且爲受規範者所得預見，並可經
由司法審查加以確認，與法律明確性原則尚無違背。

妨害名譽（一）──誹謗罪

真實案例

案例一：東海大學案

東海大學教育研究所女學生的男友，上網指責女友「劈腿」事件，東海大學昨天表示，兩名當事人，確是東大教研所學生，但至於劈腿與否，是私事，學校不會過問。

署名 apions 的網友，2 月 28 日晚間在臺大批踢踢實業坊 BBS 的「黑特（hate）版」爆料，指女友疑因遠距離戀愛而變心，與東海教育研究所陳姓研究生劈腿，apions 詳述他在生日的前兩天特地搭車南下到東海大學找女友，竟發現女友與學長親熱，由於內文聳動，引發網友熱烈討論，戲稱是「新二二八事件」，有網友在網路上搜尋女主角的姓名、課表及照片，造成轟動，BBS 站瀏覽人次瞬間湧入近 5,000 人次，平均每分鐘增加 100 篇相關討論文章。東大學務長彭懷真說，兩位學生若要對網友或媒體提出妨害名譽告訴，校方全力支持。

（節錄自《聯合報》「上網爆劈腿　原來他唬爛」，作者喻文玟）

真實案例

案例二：男蟲網站案

　　媒體披露「網路愛情騙子」謝俊彥的惡行，他僅國中學歷卻憑著三寸不爛之舌，陸續騙走在國小擔任教師的單身熟女共 600 多萬元，造成她們情財兩失，像遭遇這種切身之痛的被害女性，深恐這些騙情騙財者得逞後「重施故技」加害他人，遂於「男蟲網站」家族聊天室上（所謂男蟲指專門欺騙女人感情及金錢之壞男人），公布惡男的姓名、相片及行騙過程等等，並以文詞痛罵撻伐這些存心不良的男人，究竟這種行徑有無毀損他人名譽呢？

　　（節錄自《臺灣日報》「網羅男蟲惡行毀損他人名譽？」，作者張清秀）

法律解析

　　網路世界由於不須使用真實姓名，因此有不少網友一上線就渾然忘我，任意發表誇大其詞甚至無中生有的文章，殊不知自己可能因此侵害他人名譽權而觸犯刑責。

　　刑法第 310 條第 1 項規定：「意圖散布於眾，而指摘或傳述足以毀損他人名譽之事者，為誹謗罪，處一年以下有期徒刑、拘役或一萬五千元以下罰金」，這就是我們經常聽到的誹謗罪（常有人將「誹」謗罪誤書成「毀」謗罪）。同條第 2 項規定，如果行為人是以「散布文字、圖畫」的方法毀損他人名譽的話，會構成加重誹謗罪，依法得處 2 年以下有期徒刑、拘役或 3 萬元以下罰金。

　　條文所謂意圖散布於「眾」，是指行為人意圖將毀損他人名譽之事讓不特定人或多數人知道；所謂指摘，是指就具體事實予以揭發之行為，也就是使一個不為人知的事實讓眾人知道；所謂傳述，是指就已揭發之具體事實予以宣傳轉述之行為；所謂他人，並不以指明姓名為必要，如果就行為人所表示之旨趣及其他情事綜合觀察，得推知其所指為何人者，亦符合此要件。

　　案例一中，署名 apions 的網友因不滿自己被女友劈腿，憤而將她劈腿的過程以「文字」留言的方式，公布於 BBS 站上，使不特定或多數的網友得以上網瀏覽，每分鐘回應的文章更高達 100 篇，因此 apions 所觸犯的就是刑法第 310 條第 2 項的加重誹謗罪，依法可處 2 年以下有期徒刑、拘役或 3 萬元以下罰金。

　　也許有人會問，如果 apions 散布的內容是事實的話，這樣子還會構成誹謗罪嗎？刑法第 310 條第 3 項規定：「對於所誹謗之事，能證明其為真實者，不罰。但涉於私德而與公共利益無關者，不在此限」。條文提到，行為人若能證明所述為真實，原則上不處罰，但是若該事實僅涉及被誹謗者的私人德行（私生活）而不涉及公共利益（與不特定人或多數人有關之利益），即便所述內容為真實，仍必須處罰。換言之，apions 如果想在這個案例裡援引此規定而「阻卻違法」並脫免刑責，除了要證明他女友確有劈腿之事外，還必須證明他女友劈腿的行為與公共利益有關。

　　一個女研究生，既非公眾人物，也沒有結婚，她劈不劈腿，換不換男朋友，實在是她個人的私事，與公共利益也扯不上關係，因此 apions 若要依據此規定脫免刑責似乎有所困難。所幸 apions 後來發現自己把事情搞大了，隨性留下的文章，竟然會成為各大媒體的注意焦點，甚至被本書引用為案例，所以他即時懸崖勒馬，上網

澄清當時是因一時氣憤而胡亂發言，請大家不要當真，而二位被害人也沒有對 apions 提出告訴（誹謗罪為告訴乃論之罪），於是這件誹謗案便就此落幕。

　　案例二中，一群被騙財騙色的女性們成立「男蟲網站」家族，將這些惡男的欺騙行徑、照片、姓名等公布，以提醒其他網友們不要再次受騙。這些文章內容，雖然有可能毀損男蟲們的名譽，但是由於該內容涉及未來不特定女性或多數女性們的財產、感情及貞操利益，與公共利益甚為有關，因此如果文章所述內容確為真實，發表文章的人便可據此「阻卻違法」而不構成誹謗罪。

　　行為人必須證明自己所述為真實且該事實與公共利益有關，才可阻卻違法，對於此部分，大法官會議解釋第 509 號解釋文中，將行為人必須證明自己所述為真實的要件放寬為：行為人只要有相當理由確信自己所述為真實時，便可免去誹謗罪的刑責，此即所謂的「真實惡意原則」（意即：行為人必須具有真正誹謗的惡意，才會構成誹謗罪）。

　　什麼叫作「有相當理由確信自己所述為真實」即可免去刑責呢？這種情況可以新聞媒體的報導為例來說明。新聞媒體的報導由於重視時效性，一則新聞若未在最快時間內發布的話，就失去其新聞價值，因此如果要求記者必須對所報導的內容真實性負完全的證明責任，恐將嚴重侵害新聞自由及言論自由，因此大法官會議放寬行為人的證明責任，也就是說只要行為人能證明在報導的當時有相當理由相信自己所報導的是事實（如已有進行資料查證、訪問目擊者等），這時候就可以免去誹謗罪的刑責。當然，如果有人要以此為由主張阻卻違法時，報導的內容仍必須與公共利益有關，否則仍然會構成誹謗罪。

　　除了前述「有相當理由確信所述爲眞實」且「該事實涉及公共利益」時，行爲人才可以免去刑責外，法律是否還有規定其他情況可以免去刑責？對於此，刑法第 311 條規定：「以善意發表言論，而有左列情形之一者，不罰：一、因自衛、自辯或保護合法之利益者。二、公務員因職務而報告者。三、對於可受公評之事，而爲適當之評論者。四、對於中央及地方之會議或法院或公衆集會之記事，而爲適當之載述者」。條文中所謂以善意發表言論，是指非以損害他人名譽爲唯一目的而發表言論。第 1 款所謂「因自衛、自辯或保護合法之利益」的情形，如黑道大哥威脅小弟必須搶劫銀行，否則就殺光他全家老小，小弟迫於無奈，只好行搶，沒想到正好被巡邏的警察逮個正著，到法院時，小弟辯護說自己是被大哥以暴力脅迫才會犯案，實在不是自願的，這樣的自辯之詞雖會毀損黑道大哥之名譽，但是仍不會構成誹謗罪。第 2 款所謂「公務員因職務而報告」之情形，如行政院長至立法院備詢時，報告臺北市大停水是因爲某官員失職所致，院長的報告內容雖會毀損該官員之名譽，但也不會犯罪。第 3 款所謂「對於可受公評之事，而爲適當之評論」，是指對於政治事件、演藝人員緋聞、重大社會新聞、政治人物婚外情等得受公衆評論之事項，而爲非情緒性及非人身攻擊性的言論。第 4 款「對於中央及地方之會議或法院或公衆集會之記事，而爲適當之載述」的情形，如記者爲了報導新聞需要，而載述立法院公報中行政院長備詢時提到某官員的具體失職情事，該載述雖會毀損該官員名譽，亦不會構成誹謗罪。

　　爲了方便讀者瞭解前述說明，我們把刑法上明文舉出的阻卻違法事由表列如下。以下的阻卻違法事由除了可以在誹謗罪裡適用外，在下一單元的公然侮辱罪裡也可以適用，至於誹謗罪與公然侮

誹謗罪的阻卻違法事由（須同時具備要件1及2始可阻卻違法）

法律依據	要件1	要件2
刑法第310條第3項、大法官解釋第509號	有相當理由確信自己所述為真實	該事實涉及公共利益
刑法第311條第1款	以善意發表言論	因自衛、自辯或保護合法之利益
刑法第311條第2款	以善意發表言論	公務員因職務而報告
刑法第311條第3款	以善意發表言論	對於可受公評之事，而為適當之評論
刑法第311條第4款	以善意發表言論	對於中央及地方會議或法院或公眾集會之事，而為適當之載述

辱罪有何異同，將在下一單元進行說明。

最後，誹謗罪的被害人，除了可以要求法院判決行為人有罪，處以刑責外，在民事上亦可請求行為人給付損害賠償（包括財產上損害賠償及非財產上損害賠償）並登報道歉、澄清等，謹將相關法條整理於後，以供讀者進一步參考。

相關法條

1. 刑法第310條

意圖散布於眾，而指摘或傳述足以毀損他人名譽之事者，為誹謗罪，處一年以下有期徒刑、拘役或一萬五千元以下罰金。

散布文字、圖畫犯前項之罪者，處二年以下有期徒刑、拘役或三萬元以下罰金。

對於所誹謗之事，能證明其為真實者，不罰。但涉於私德而與公共利益無關者，不在此限。

2. 刑法第311條

以善意發表言論，而有下列情形之一者，不罰：

一、因自衛、自辯或保護合法之利益者。

二、公務員因職務而報告者。

三、對於可受公評之事，而爲適當之評論者。

四、對於中央及地方之會議或法院或公眾集會之記事，而爲適
　　當之載述者。

3. 刑法第314條

本章之罪，須告訴乃論。（本章之罪，包括誹謗罪及公然侮辱
罪等）

4. 大法官會議解釋第509號解釋文

言論自由爲人民之基本權利，憲法第 11 條有明文保障，國家應
給予最大限度之維護，俾其實現自我、溝通意見、追求眞理及
監督各種政治或社會活動之功能得以發揮。惟爲兼顧對個人名
譽、隱私及公共利益之保護，法律尚非不得對言論自由依其傳
播方式爲合理之限制。刑法第 310 條第 1 項及第 2 項誹謗罪即
係保護個人法益而設，爲防止妨礙他人之自由權利所必要，符
合憲法第 23 條規定之意旨。至刑法同條第 3 項前段以對誹謗之
事，能證明其爲眞實者不罰，係針對言論內容與事實相符者之
保障，並藉以限定刑罰權之範圍，非謂指摘或傳述誹謗事項之
行爲人，必須自行證明其言論內容確屬眞實，始能免於刑責。
惟行爲人雖不能證明言論內容爲眞實，但依其所提證據資料，
認爲行爲人有相當理由確信其爲眞實者，即不能以誹謗罪之刑
責相繩，亦不得以此項規定而免除檢察官或自訴人於訴訟程序

中，依法應負行爲人故意毀損他人名譽之舉證責任，或法院發現其爲眞實之義務。就此而言，刑法第 310 條第 3 項與憲法保障言論自由之旨趣並無牴觸。

5. 民法第184條第1項前段

因故意或過失，不法侵害他人之權利者，負損害賠償責任。

6. 民法第195條第1項

不法侵害他人之身體、健康、名譽、自由、信用、隱私、貞操，或不法侵害其他人格法益而情節重大者，被害人雖非財產上之損害，亦得請求賠償相當之金額。其名譽被侵害者，並得請求回復名譽之適當處分。

7. 民法第197條第1項

因侵權行爲所生之損害賠償請求權，自請求權人知有損害及賠償義務人時起，二年間不行使而消滅。自有侵權行爲時起，逾十年者亦同。

妨害名譽（二）——公然侮辱罪

真實案例

案例一：一字千金案

　　年過半百的蘇姓男子在民國 92 年，於臺北縣新店某社區擔任守衛工作時，有一名住戶因為腳踏車遭到不名人士破壞，跑到警衛室質疑保安工作失職，沒想到蘇某回了一個「幹」字，看似平常的小糾紛因此鬧上法庭，連當初承辦檢察官還特地跑了一趟，到案發社區來個現場勘驗。

　　案經起訴後，法官審理認為，該社區警衛室雖然在大門內，由守衛人員控管來賓、住戶進出，但所有往來人士都可對守衛室裡的狀況一目了然，符合條文中的公開場合定義，因此認定蘇某觸犯的是公然侮辱罪名。法官考量蘇某也同時表明願向該住戶道歉，不算毫無悔意，因此判處出言辱罵他人的蘇某應受罰金新臺幣 1,000 元，可易服勞役。

　　（節錄自中時電子報「出口成髒　一字罰千金」，作者劉昌松）

真實案例

案例二：鐵口直斷案

　　控告民進黨前主席黃信介之子黃至君的女子蔡季玲表示，該案庭訊進行到一半時，承辦檢察官蔡宏展突然走下臺拉住蔡季玲的手，邊摸邊說要爲她看手相，而且竟然脫口說出：「啊！你會劈腿。」這樣的話語與舉止當場讓蔡季玲羞怒交加。

　　蔡宏展檢察官現年 50 歲，司法訓練所 43 期結業的現職檢察官，3 年前曾參選立委失敗，平常愛幫人看手相。不過，檢察官這回看手相可看出大問題，被蔡小姐咬著不放，就算沒事也會惹得一身腥。

（節錄自民視新聞「檢察官當庭看手相直斷告訴人劈腿」）

法律解析

　　公然侮辱罪與上一單元的誹謗罪一樣，都是屬於生活中常見的妨害名譽權的犯罪，二者有其相似處也有其相異處。

　　刑法第 309 條第 1 項規定：「公然侮辱人者，處拘役或九千元以下罰金」，由條文規定不難看出，所謂公然侮辱，就是在公然的情況下，侮辱他人。什麼是「公然」？之前已經提到過不少次，簡單地說，「不特定人或多數人得以共見共聞的狀態」就是公然，因此在大馬路上、教室裡、操場上、辦公室裡、網路上、電視上或是書本上侮辱他人，都會構成公然侮辱罪，依法可處拘役或 9,000 元以下罰金。

　　那麼什麼是「侮辱」呢？「侮辱」和誹謗罪中「散布足以毀損他人名譽之事」有何不同？關於此點，法界多數的看法是，公然侮辱罪中的侮辱，指的是不涉及具體事實之負面評價，例如罵人「三字經」、豬、白痴、笨蛋、狗娘養的等等，此種言詞雖然會造成被害人顏面無光而損害其名譽，但是侵害的程度還算是比較輕微，因為一旁聽到的人不會誤以為他罵的是事實；反之，誹謗罪裡的足以毀損他人名譽之事，指的則是涉及具體事實之負面評價，例如指稱某人在何時曾嫖妓、某人考試作弊、某人與學長劈腿、某人收受賄賂等等，這些言詞聽起來雖然不如罵「三字經」般讓人感到不堪入耳，但是聽到的人反而可能相信該陳述是事實（因為具體事實在客觀上有可能發生），所以對被害人的名譽會造成較大的傷害。也因此誹謗罪的法定刑是 1 年以下有期徒刑、拘役或 1 萬 5,000 元以下罰金，比起公然侮辱罪的拘役或 9,000 元以下罰金要來得重。

　　案例一中，蘇姓男子於警衛室值勤時，罵了一名住戶「幹」，由於所有往來人士都可對警衛室裡的狀況一目了然，所以符合公然定義，而「幹」又屬於不涉及具體事實的負面評價，因此蘇姓男子所犯的是公然侮辱罪，不是誹謗罪。案例二中，蔡檢察官在偵訊到一半時，突然說要幫蔡小姐看手相，並說：「啊，你會劈腿。」由於偵查庭裡面除了檢察官外，還有書記官、法警、通譯、庭務員等人員，屬於多數人得共見共聞之狀態，因此符合公然的要件，而蔡檢察官所說「你會劈腿」一語，由於並未具體指明蔡小姐是在何時何地如何劈腿，只是對未來運勢作抽象的負面預測，並不屬於涉及具體事實之負面評價，因此觸犯的是公然侮辱罪，而非誹謗罪。

　　公然侮辱罪通常都是以言詞為之，但是有的時候，還會以強暴（有形的強制力）手段為之，例如在教室裡強迫他人吃大便、裸

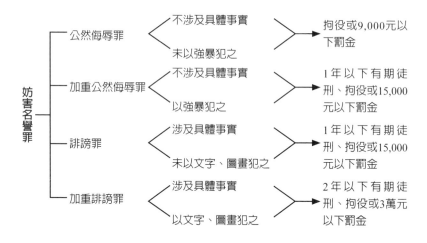

體、學狗爬、打巴掌、逼人下跪等等，此時雖然沒有使用言語，但是一樣會造成侮辱他人的效果，甚至更為嚴重。針對此種強暴侮辱行為，刑法第 309 條第 2 項規定，「以強暴」公然侮辱人者，處 1 年以下有期徒刑、拘役或 1 萬 5,000 元以下罰金，此加重公然侮辱罪的刑責已與誹謗罪的刑責相當。

　　最後補充說明的是，公然侮辱罪與誹謗罪一樣，都是屬於告訴乃論之罪（刑法第 314 條），而且當一個人被他人公然侮辱後，一樣可以依民法規定請求行為人給付損害賠償（包括財產上損害賠償及非財產上損害賠償）並登報道歉、澄清，謹將相關法條整理於後，以供讀者參考。

相關法條

1. 刑法第309條

公然侮辱人者，處拘役或九千元以下罰金。

以強暴犯前項之罪者，處一年以下有期徒刑、拘役或一萬五千元以下罰金。

2. 刑法第314條

本章之罪，須告訴乃論（本章之罪，包括誹謗罪及公然侮辱罪等等）。

3. 民法第184條第1項前段

因故意或過失，不法侵害他人之權利者，負損害賠償責任。

4. 民法第195條第1項

不法侵害他人之身體、健康、名譽、自由、信用、隱私、貞操，或不法侵害其他人格法益而情節重大者，被害人雖非財產上之損害，亦得請求賠償相當之金額。其名譽被侵害者，並得請求回復名譽之適當處分。

5. 民法第197條第1項

因侵權行為所生之損害賠償請求權，自請求權人知有損害及賠償義務人時起，二年間不行使而消滅，自有侵權行為時起，逾十年者亦同。

侵害著作權？——擅自重製罪與合理使用

真實案例

案例一：下載軟體案

　　淡江大學有 13 個電腦 IP 位址，涉嫌到 eDonkey 等網站，違法下載軟體，經教育部於上月發函指正，校方已約談使用該 IP 位址同學，告知下載軟體會侵害智慧財產權，其中部分同學已依學生獎懲規則第 8 條第 14 款規定，予以記小過一次。

　　教育部電算中心表示，eDonkey 軟體本身是一種 P2P 軟體，軟體本身若是開放版權者，當然可以使用，例如 kkman，但若是對於具著作權之檔案，未經授權予以下載，便屬侵權行為。

　　這些人是在淡江校內電腦（IP 位址前兩碼為 163.13），使用 P2P 軟體（大多為 eDonkey），下載傳輸具有著作權的圖片資料，由於校內電腦連接教育部學術網路，教育部於網路上監控並取得 IP 位址，交由淡大各系所追查，最後查出這 13 名師生的侵權行為。

　　（節錄自《淡江時報》「教育部來函　本校 13IP 違法下載軟體　違反智慧財產權　生輔組祭出小過」，作者符人懿）

眞實案例

案例二：谷阿莫案

　　2017 年間，當片商陸續提告，谷阿莫於應訊供稱，他製作的《X 分鐘看完 XX 電影》系列影片，符合著作權的合理使用原則，在評論、解說、研究、教學或新聞報導等情況下，使用網路上已公開的他人著作內容，可以不事先經著作權人授權，都是在合理範圍，否認違法。

　　但檢方仍然認爲他利用別人的影片配置自己的旁白，還把精華片段剪輯出來，能在短時間內掌握原著大致內容，非單純「引用」，已達「改作」程度，且將影片上傳 YouTube 後，創造高點閱率分潤，也藉此成名，有營利之嫌，認定他逾越合理使用的範疇，2018 年 6 月依違反《著作權法》起訴谷阿莫。

　　同年 11 月臺北地院首度開庭，經法官說明全案屬告訴乃論，徵得谷阿莫與迪士尼、KKTV、又水整合、得利與車庫等片商同意後，雙方展開爲期近 1 年的馬拉松式調解。2019 年 12 月谷阿莫先與迪士尼、得利影視、車庫娛樂和解，2020 年 3 月再與又水整合和解，如今又依 KKTV 所提條件刊登聲明啓事，全案可望和解落幕。

　　（節錄自蘋果新聞網「【谷阿莫脫身】 是否違法無定論『和解是最有利結局』」，作者張欽）

法律解析

　　透過網路下載程式、音樂、影像或圖片，是大家常做的事情，但是這些檔案都是著作人耗費心思作成，任何人未經授權，擅

自下載、複製這些檔案，等於是把著作人辛苦的成果不付代價的奪去，對他們非但不公平，也會降低其再行創作的意願，阻礙社會文化之進步。因此，著作權法第91條第1項規定：「擅自以重製之方法侵害他人之著作財產權者，處三年以下有期徒刑、拘役，或科或併科新臺幣七十五萬元以下罰金」。

　　該條文中所謂「重製」，是指「以印刷、複印、錄音、錄影、攝影、筆錄或其他方法直接、間接、永久或暫時之重複製作」（著作權法第3條第1項第5款），此外「於劇本、音樂著作或其他類似著作演出或播送時予以錄音或錄影」亦屬於重製，由此可知，舉凡影印書籍、偷錄電影院放映的影片、偷錄演唱會的歌曲、複製電腦程式、燒錄光碟、下載音樂等等，都是屬於「重製」行為，如果行為人未經著作權人授權，擅自重製他人著作物，就會侵害著作財產權（專有重製權），依法得處3年以下有期徒刑、拘役，或科或併科新臺幣75萬元以下罰金。

　　此外，如果是為了想銷售、出租，甚至將電腦程式（或音樂檔案）燒錄至「光碟片」，由於此時是以很低的成本（一片3～5元），造成著作財產權很大的損害（一次燒很多片，一片賣100元，造成正版光碟滯銷），因此著作權法第91條第2項規定：「意圖銷售或出租而擅自以重製之方法侵害他人之著作財產權者，處六月以上五年以下有期徒刑，得併科新臺幣二十萬元以上二百萬元以下罰金」；第3項更規定：「以重製於光碟之方法犯前項之罪者，處六月以上五年以下有期徒刑，得併科新臺幣五十萬元以上五百萬元以下罰金」。

　　案例一中淡江大學13名師生未經授權，擅自使用eDonkey等軟體下載具有著作權的圖片資料，承前所述，原則上有可能觸犯著

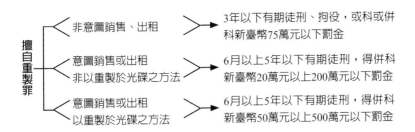

作權法第 91 條第 1 項的擅自重製罪，得處 3 年以下有期徒刑、拘役，或科或併科新臺幣 75 萬元以下罰金。但是是否構成犯罪，還是要依個案情形而定，怎麼說呢？因爲著作權法第 91 條第 4 項規定：「著作僅供個人參考或合理使用者，不構成著作權侵害」，換言之，如果這 13 名師生下載這些軟體只是供「個人參考」（不涉及銷售、出租或散布他人）或是屬於「合理使用」的情況時，那麼就不會構成著作權侵害。什麼是「僅供個人參考」，大家應該比較能夠理解，但是什麼才算是「合理使用」則有必要解釋。

　著作權法第 65 條第 2 項規定，要判斷著作之利用是不是屬於合理使用，要特別注意以下 4 點：1. 利用之目的及性質，包括係爲商業目的或非營利教育目的；2. 著作之性質；3. 所利用之質量及其在整個著作所占之比例；4. 利用結果對著作潛在市場與現在價值之影響。簡單地說，如果我們在利用著作時（如下載 MP3 檔案或電視節目影像）是基於非營利之教育目的，該著作是開放免費分享或下載，而且我們並未下載全部，下載之後也沒有影響到該音樂唱片的銷售量或電視節目收視率，此時就比較容易被認定爲是合理使用，而不構成著作權侵害。

　除了上述判斷標準外，著作權法裡還明文提到許多合理使用

的情況，生活中比較常見的有，著作權法第 46 條第 1 項：「依法設立之各級學校及其擔任教學之人，為學校授課需要，在合理範圍內，得重製他人已公開發表之著作」；第 48 條：「供公眾使用之圖書館……，於下列情形之一，得就其收藏之著作重製之：一、應閱覽人供個人研究之要求，重製已公開發表著作之一部分，或期刊或已公開發表之研討會論文集之單篇著作，每人以一份為限。二、基於保存資料之必要者。三、就絕版或難以購得之著作，應同性質機構之要求者」；第 51 條：「供個人或家庭為非營利之目的，在合理範圍內，得利用圖書館及非供公眾使用之機器重製已公開發表之著作」；第 52 條：「為報導、評論、教學、研究或其他正當目的之必要，在合理範圍內，得引用已公開發表之著作」；第 59 條第 1 項：「合法電腦程式著作重製物之所有人得因配合其所使用機器之需要，修改其程式，或因備用存檔之需要重製其程式。但限於該所有人自行使用」。

　　當然，在考量各具體情形是否屬於合理使用時，還是要依據著作權法第 65 條第 2 項所提示的 4 項標準（利用之目的及性質、著作之性質、利用之質量及比例、利用結果對著作潛在市場與現在價值之影響）綜合判斷，方不致失之偏頗。

　　案例一中，淡江大學 13 名師生下載具有著作權的圖片資料，固然有可能成立著作權法第 91 條第 1 項的擅自重製罪，但是只要他們可以證明自己符合前述合理使用的具體情形之一，例如：是為了學校授課需要（著作權法第 46 條）或僅供個人非營利使用（著作權法第 51 條），並符合著作權法第 65 條第 2 項合理使用的判斷基準，應該就不會成立擅自重製罪。

　　案例二中，谷阿莫下載他人影片的精華片段重新剪輯，配上自

己的口白及字幕，再上傳 YouTube 網站，製作《X 分鐘看完 XX 電影》系列影片。由於該系列影片的影像幾乎全部下載自他人影片，且該系列影片上傳後創造高點閱率，谷阿莫可以藉此分潤，並成為「網紅」、「YouTuber」，帶來高知名度及商業利益（如：廣告代言費、置入行銷費等），因此較難被認定為合理使用。不過因為著作權法第 91 條第 1 項的擅自重製罪為告訴乃論之罪（著作權法第 100 條），且被害人等均已和谷阿莫達成和解並撤回告訴，因此最後法院作出不受理判決，讓谷阿莫免了牢獄之災。

相關法條

1. 著作權法第3條第1項第1款

著作：指屬於文學、科學、藝術或其他學術範圍之創作。

2. 著作權法第22條第1項

著作人除本法另有規定外，專有重製其著作之權。

3. 著作權法第46條第1項

依法設立之各級學校及其擔任教學之人，為學校授課需要，在合理範圍內，得重製他人已公開發表之著作。

4. 著作權法第48條

供公眾使用之圖書館、博物館、歷史館、科學館、藝術館或其他文教機構，於下列情形之一，得就其收藏之著作重製之：

一、應閱覽人供個人研究之要求，重製已公開發表著作之一部分，或期刊或已公開發表之研討會論文集之單篇著作，每

　　人以一份爲限。

二、基於保存資料之必要者。

三、就絕版或難以購得之著作，應同性質機構之要求者。

5. 著作權法第51條

供個人或家庭爲非營利之目的，在合理範圍內，得利用圖書館及非供公眾使用之機器重製已公開發表之著作。

6. 著作權法第52條

爲報導、評論、教學、研究或其他正當目的之必要，在合理範圍內，得引用已公開發表之著作。

7. 著作權法第59條第1項

合法電腦程式著作重製物之所有人得因配合其所使用機器之需要，修改其程式，或因備用存檔之需要重製其程式。但限於該所有人自行使用。

8. 著作權法第65條第1項、第2項

著作之合理使用，不構成著作財產權之侵害。

著作之利用是否合於第四十四條至第六十三條規定或其他合理使用之情形，應審酌一切情狀，尤應注意下列事項，以爲判斷之基準：

一、利用之目的及性質，包括係爲商業目的或非營利教育目的。

二、著作之性質。

三、所利用之質量及其在整個著作所占之比例。

四、利用結果對著作潛在市場與現在價值之影響。

9. 著作權法第88條

因故意或過失不法侵害他人之著作財產權或製版權者，負損害賠償責任。數人共同不法侵害者，連帶負賠償責任。

前項損害賠償，被害人得依下列規定擇一請求：

一、依民法第二百十六條之規定請求。但被害人不能證明其損害時，得以其行使權利依通常情形可得預期之利益，減除被侵害後行使同一權利所得利益之差額，為其所受損害。

二、請求侵害人因侵害行為所得之利益。但侵害人不能證明其成本或必要費用時，以其侵害行為所得之全部收入，為其所得利益。

依前項規定，如被害人不易證明其實際損害額，得請求法院依侵害情節，在新臺幣一萬元以上一百萬元以下酌定賠償額。如損害行為屬故意且情節重大者，賠償額得增至新臺幣五百萬元。

10. 著作權法第91條

擅自以重製之方法侵害他人之著作財產權者，處三年以下有期徒刑、拘役，或科或併科新臺幣七十五萬元以下罰金。

意圖銷售或出租而擅自以重製之方法侵害他人之著作財產權者，處六月以上五年以下有期徒刑，得併科新臺幣二十萬元以上二百萬元以下罰金。

以重製於光碟之方法犯前項之罪者，處六月以上五年以下有期徒刑，得併科新臺幣五十萬元以上五百萬元以下罰金。

著作僅供個人參考或合理使用者，不構成著作權侵害。

11. 著作權法第100條

本章之罪，須告訴乃論。但犯第九十一條第三項及第九十一條之一第三項之罪，不在此限。

12. 刑事訴訟法第303條

案件有下列情形之一者，應諭知不受理之判決：

一、起訴之程序違背規定者。

二、已經提起公訴或自訴之案件，在同一法院重行起訴者。

三、告訴或請求乃論之罪，未經告訴、請求或其告訴、請求經撤回或已逾告訴期間者。

四、曾為不起訴處分、撤回起訴或緩起訴期滿未經撤銷，而違背第二百六十條之規定再行起訴者。

五、被告死亡或為被告之法人已不存續者。

六、對於被告無審判權者。

七、依第八條之規定不得為審判者。

網路駭客——妨害電腦使用罪

真實案例

案例一：電腦奇才案

　　涉嫌入侵、竊取大考中心電腦資料的蘇柏榕，在警方調查過程中，堅稱自己並未竄改內容，警方經過查證，也尚未找到竄改的證據。不過，警方仍擔心，如果蘇柏榕破解電腦密碼的方法不慎外洩，後果將不堪設想。

　　當刑事局偵九隊員警得知蘇柏榕竟能入侵大考中心電腦資料庫時，認為茲事體大，即向局長侯友宜報告，侯友宜起初也是抱持懷疑的態度，當場要蘇柏榕調出去年他大女兒大學學測的成績單，蘇柏榕坐在電腦前，短短幾分鐘就入侵大考中心電腦資料庫，調出侯友宜女兒的成績單，此時，侯友宜才相信蘇柏榕的能力。

　　（節錄自中時電子報「大考成績、考題尚無遭竄改、外洩證據」，作者謝明俊、韓國棟）

真實案例

案例二：孫燕姿病毒案

　　Sophos 公司客戶經理林育菁表示，有一種電腦病毒（W32／Yanz-A）藉由電子郵件大量流竄，信件的主旨和附加檔案是「孫燕姿最新專輯的 MP3」，讓最近才出片的孫燕姿突然變成電腦病毒的代名詞，如果不小心點選附加檔案就會中毒。

　　林育菁指出，電腦感染病毒後會不斷自動複製檔案，依照通訊錄名單大量寄送，消耗系統資源，電腦作業速度變得非常緩慢；令人擔心的是，孫燕姿有不少歌迷，如果一看到誘惑人的宗旨，不假思索就點選的話，可能會惹上麻煩。

　　（節錄自中央社「孫燕姿也成為電腦病毒工具到處傳毒」，作者韋樞）

法律解析

　　當網路成為現代人生活的必備工具後，網路犯罪也應運而生，除了前面幾個單元提過的犯罪類型外，駭客入侵電腦及散布電腦病毒也是極為常見的類型。現在我們就先介紹網路駭客入侵電腦會構成什麼犯罪。

　　刑法第 358 條規定：「無故輸入他人帳號密碼、破解使用電腦之保護措施或利用電腦系統之漏洞，而入侵他人之電腦或其相關設備者，處三年以下有期徒刑、拘役或科或併科三十萬元以下罰金」，這是針對一般網路駭客入侵行為所作的規定。

　　條文中所謂無故輸入他人帳號密碼，例如女朋友為了查探男朋友的交友情況，在未經男朋友同意的情況下輸入他的帳號密碼，查看 MSN 名單或電子信箱裡的信件。條文中所謂破解使用電腦之保護措施，例如破解防火牆，或是破解電腦開機密碼而入侵他人電腦系統。條文中所謂利用電腦系統之漏洞，例如某公司的防火牆失效，所有電腦資料都變成開放狀況可供自由下載，此時有人利用機會入侵該公司的電腦系統。

　　案例一中電腦奇才蘇柏榕無論是利用什麼方法破解大考中心電腦的防護措施，依前揭條文規定都會觸犯無故侵入電腦罪，依法可處 3 年以下有期徒刑、拘役或科或併科 30 萬元以下罰金。假設蘇同學於入侵大考中心電腦系統之後，還進一步透過下載方式取得檔案資料、刪除錄取同學的名單或是竄改學生的考試成績，這樣是否會加重刑責呢？刑法第 359 條規定：「無故取得、刪除或變更他人電腦或其相關設備之電磁紀錄，致生損害於公眾或他人者，處五年以下有期徒刑、拘役或科或併科六十萬元以下罰金」，條文中所謂「電磁紀錄」，是指以電子、磁性、光學或其他相類之方式所製成，而供電腦處理之紀錄，包括電腦檔案資料、大考中心錄取名單、學生成績等，若對這些資料予以取得、刪除或變更，依法得處 5 年以下有期徒刑、拘役或科或併科 60 萬元以下罰金。

　　此外，如果蘇同學於取得大考錄取名單等電磁紀錄後，還無故洩漏給他人（如補習班），依刑法第 318 條之 1 洩漏電腦秘密罪之規定，還可處以 2 年以下有期徒刑、拘役或 1 萬 5,000 元以下罰金。只是若取得資料與洩漏資料者為同一人，洩漏資料的行為應屬於「與（不）罰的後行為」，依法只論以取得資料行為之刑責；換言之，如果蘇同學於取得資料後再將其洩漏給他人，應論以刑法第

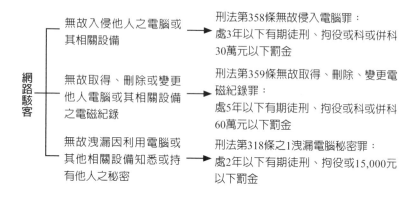

359 條無故取得、刪除、變更電磁紀錄罪的 5 年以下有期徒刑、拘役或科或併科 60 萬元以下罰金之刑責，而非刑法第 318 條之 1 洩漏電腦秘密罪的 2 年以下有期徒刑、拘役或 1 萬 5,000 元以下罰金之刑責。

最後，我們來說明另一種常見的網路犯罪類型—散布電腦病毒，會構成什麼犯罪。散布電腦病毒會構成什麼犯罪，主要是看該病毒的侵害程度到什麼地步而定，簡單地說，如果該電腦病毒已經把別人電腦裡的資料刪除了，那麼散布電腦病毒的人便會構成前述刑法第 359 條的無故刪除電磁紀錄罪。而如果該電腦病毒並未把他人電腦資料刪除，只達到「干擾」他人電腦運作的程度，如案例二中的孫燕姿電腦病毒，感染後並不會將電腦裡的資料刪除，只是會消耗系統資源，使電腦作業速度變得非常緩慢，像這種情況則屬於「干擾」的程度，由於情節不似刪除電腦資料般嚴重，所以刑法第 360 條規定：「無故以電腦程式或其他電磁方式干擾他人電腦或其相關設備，致生損害於公眾或他人者，處三年以下有期徒刑、拘役或科或併科三十萬元以下罰金」，其刑責較刪除電磁紀錄罪為輕。

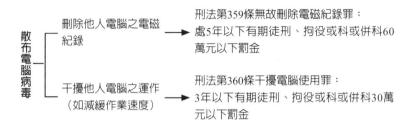

相關法條

1. 刑法第10條第6項

稱電磁紀錄者，謂以電子、磁性、光學或其他相類之方式所製
成，而供電腦處理之紀錄。

2. 刑法第318條之1

無故洩漏因利用電腦或其他相關設備知悉或持有他人之秘密
者，處二年以下有期徒刑、拘役或一萬五千元以下罰金。

3. 刑法第319條

第三百十五條、第三百十五條之一及第三百十六條至第
三百十八條之二之罪，須告訴乃論。

4. 刑法第358條

無故輸入他人帳號密碼、破解使用電腦之保護措施或利用電腦
系統之漏洞，而入侵他人之電腦或其相關設備者，處三年以下
有期徒刑、拘役或科或併科三十萬元以下罰金。

5. 刑法第359條

無故取得、刪除或變更他人電腦或其相關設備之電磁紀錄，致

生損害於公眾或他人者，處五年以下有期徒刑、拘役或科或併科六十萬元以下罰金。

6. 刑法第360條

無故以電腦程式或其他電磁方式干擾他人電腦或其相關設備，致生損害於公眾或他人者，處三年以下有期徒刑、拘役或科或併科三十萬元以下罰金。

7. 刑法第363條

第三百五十八條至第三百六十條之罪，須告訴乃論。

3

交通生活與刑法

酒醉開車──醉態駕駛罪

真實案例

孫志浩酒駕案

　　昨天凌晨 1：40，孫志浩所駕駛的休旅車行經信義路五段與松仁路口，想趁深夜周邊無人，不顧燈號指示違規左轉時，恰巧被正要出勤的信義交通分隊員警看到，立即將車攔下盤查。車窗搖下，員警取走駕駛的身分證件，正準備依法告發，此時員警卻聞到車內滿布酒味，而駕車的年輕男子更是醉眼迷濛，苦笑著看著他，員警立刻將車內二名年輕男女帶回旁邊警局，進行酒測。剛開始，員警並沒認出駕車的年輕男子是何許人也，只是覺得他十分面熟，另一名身為星迷的警員定睛看著他，又看看駕照，發現他不就是那個與賈靜雯訂婚的「孫志浩」嗎？

　　明年才滿 30 歲的孫志浩向警方表示，前天晚間 10 點多，他與許久未見的友人，約在仁愛路與安和路口的某間 PUB 喝酒談天，因為燈光美、氣氛佳，加上久未相見，所以喝了一點酒，雖然談興正濃，興致高昂，但也僅止於 5 杯威士忌，當時覺得自己還沒醉，所以才自告奮勇，駕駛女性友人的車子送她回家。

　　孫志浩被移送至信義分局刑事組後，二名男女親友趕往關切，一直到昨日凌晨 4 時許，檢察官准予先行離去後，警方才將孫志浩交由親友帶回，由於孫志浩的呼氣酒精濃度高達每公升 0.72 毫克，警方將他依公共危險罪嫌移送法辦。

　　（節錄自自由電子報「賈靜雯準老公酒駕載美眉」，作者姚岳宏）

法律解析

　　酒後開車幾乎是每個人都有可能遇到的情況，事實上在一些必要的場合小酌一番原也無傷大雅，反而可藉此化解陌生，增進情誼。但是喝完酒之後，要不要把剛剛開來的車（或騎來的機車）自行開回去，就是一個很大的問題了，因為酒後開車，除了會被警察臨檢而吃上官司外，更有可能造成自己、乘客及路人的生命危險，不可不慎。

　　刑法第 185 條之 3 規定：「駕駛動力交通工具而有下列情形之一者，處二年以下有期徒刑，得併科二十萬元以下罰金：一、吐氣所含酒精濃度達每公升零點二五毫克或血液中酒精濃度達百分之零點零五以上。二、有前款以外之其他情事足認服用酒類或其他相類之物，致不能安全駕駛。三、服用毒品、麻醉藥品或其他相類之物，致不能安全駕駛。因而致人於死者，處三年以上十年以下有期徒刑；致重傷者，處一年以上七年以下有期徒刑。」這就是經常聽到的「醉態駕駛罪」；平常和朋友喝完酒、聚完餐，開車回家時，之所以害怕被警察臨檢，就是因為有這條規定的存在。

　　依據這個規定，駕駛人酒測吐氣所含酒精濃度達每公升 0.25 毫克或血液中酒精濃度達百分之 0.05 以上時，屬於「絕對無駕駛能力」，一定會成立醉態駕駛罪，處 2 年以下有期徒刑，得併科 20 萬元以下罰金。相對於此，如果駕駛人酒測吐氣所含酒精濃度只達每公升 0.15 毫克或血液中酒精濃度達百分之 0.03 以上時（道路交通安全規則第 114 條第 2 款），屬於「相對無駕駛能力」，此時尚須有其他情事足以認定已致不能安全駕駛的程度，例如：蛇行、超速、闖紅燈、搖擺不定、語無倫次、視線不良、無法站立、

發生車禍等，才會成立醉態駕駛罪，亦處2年以下有期徒刑，得併科20萬元以下罰金。

　　如果駕駛人於不能安全駕駛時，還駕駛動力交通工具（指汽車、機車或其他以引擎動力推動的交通工具）在大馬路上行駛，就會構成醉態駕駛罪。案例中孫先生呼氣中的酒精濃度高達每公升0.72毫克，比絕對無駕駛能力的標準每公升0.25毫克要高出很多，因此依法得處2年以下有期徒刑，得併科20萬元以下罰金。

　　接下來要討論一個問題，如果拒絕酒測的話，會不會犯罪？關於此點，必須分成二種情況：第一種情況，如果有肇事（發生交通事故）的話，這時候是不可以拒絕酒測的，否則依據道路交通管理處罰條例第35條第6項的規定，員警有權力將駕駛人強制移由醫療或檢驗機構抽血以進行酒精測試；第二種情況，如果沒有肇事，只是單純在馬路上開車被警察臨檢，這時候駕駛人可以拒絕酒測，警察無權將其強制移由醫療機構抽血，只是依據同法第35條第4項的規定，拒絕酒測的駕駛人此時會被處以新臺幣18萬元的罰鍰，並被當場移置保管其車輛（由拖吊車拖走車輛）、吊銷駕駛執照及施以道路交通安全講習，不過由於駕駛人此時沒有被酒測，無法認定其酒精含量達到「不能安全駕駛」的標準，所以法院不會判決其成立「醉態駕駛罪」。

相關法條

1. 刑法第185條之3

　　駕駛動力交通工具而有下列情形之一者，處二年以下有期徒刑，得併科二十萬元以下罰金：

一、吐氣所含酒精濃度達每公升零點二五毫克或血液中酒精濃度達百分之零點零五以上。

二、有前款以外之其他情事足認服用酒類或其他相類之物，致不能安全駕駛。

三、服用毒品、麻醉藥品或其他相類之物，致不能安全駕駛。

因而致人於死者，處三年以上十年以下有期徒刑；致重傷者，處一年以上七年以下有期徒刑。

2. 道路交通安全規則第114條

汽車駕駛人有下列情形之一者，不得駕車：

一、連續駕車超過八小時。

二、飲用酒類或其他類似物後其吐氣所含酒精濃度達每公升零點一五毫克或血液中酒精濃度達百分之零點零三以上。

三、吸食毒品、迷幻藥、麻醉藥品或其相類似管制藥品。

四、患病影響安全駕駛。

五、計程車駕駛人未向警察機關請領執業登記證，或雖已領有而未依規定放置車內指定之插座。

3. 道路交通管理處罰條例第35條

汽機車駕駛人，駕駛汽機車經測試檢定有下列情形之一，機車駕駛人處新臺幣一萬五千元以上九萬元以下罰鍰，汽車駕駛人處新臺幣三萬元以上十二萬元以下罰鍰，並均當場移置保管該汽機車及吊扣其駕駛執照一年至二年；附載未滿十二歲兒童或因而肇事致人受傷者，並吊扣其駕駛執照二年至四年；致人重傷或死亡者，吊銷其駕駛執照，並不得再考領：

一、酒精濃度超過規定標準。

二、吸食毒品、迷幻藥、麻醉藥品及其相類似之管制藥品。

汽車駕駛人有前項應受吊扣情形時，駕駛營業大客車者，吊銷
其駕駛執照；因而肇事且附載有未滿十二歲兒童之人者，按其
吊扣駕駛執照期間加倍處分。

本條例中華民國一百零八年三月二十六日修正條文施行之日
起，汽機車駕駛人於五年內第二次違反第一項規定者，依其駕
駛車輛分別依第一項所定罰鍰最高額處罰之，第三次以上者按
前次違反本項所處罰鍰金額加罰新臺幣九萬元，並均應當場移
置保管該汽機車、吊銷其駕駛執照及施以道路交通安全講習；
如肇事致人重傷或死亡者，吊銷其駕駛執照，並不得再考領。

汽機車駕駛人有下列各款情形之一者，處新臺幣十八萬元罰
鍰，並當場移置保管該汽機車、吊銷其駕駛執照及施以道路交
通安全講習；如肇事致人重傷或死亡者，吊銷其駕駛執照，並
不得再考領：

一、駕駛汽機車行經警察機關設有告示執行第一項測試檢定之
　　處所，不依指示停車接受稽查。

二、拒絕接受第一項測試之檢定。

本條例中華民國一百零八年三月二十六日修正條文施行之日
起，汽機車駕駛人於五年內第二次違反第四項規定者，處新臺
幣三十六萬元罰鍰，第三次以上者按前次違反本項所處罰鍰金
額加罰新臺幣十八萬元，並均應當場移置保管該汽機車、吊銷
其駕駛執照及施以道路交通安全講習；如肇事致人重傷或死亡
者，吊銷其駕駛執照，並不得再考領。

汽機車駕駛人肇事拒絕接受或肇事無法實施第一項測試之檢定
者，應由交通勤務警察或依法令執行交通稽查任務人員，將其

強制移由受委託醫療或檢驗機構對其實施血液或其他檢體之採樣及測試檢定。

汽機車所有人，明知汽機車駕駛人有第一項各款情形，而不予禁止駕駛者，依第一項規定之罰鍰處罰，並吊扣該汽機車牌照三個月。

汽機車駕駛人，駕駛汽機車經測試檢定吐氣所含酒精濃度達每公升零點二五毫克或血液中酒精濃度達百分之零點零五以上，年滿十八歲之同車乘客處新臺幣六百元以上三千元以下罰鍰。但年滿七十歲、心智障礙或汽車運輸業之乘客，不在此限。

汽機車駕駛人有第三項、第四項、第五項之情形，肇事致人重傷或死亡，得依行政罰法第七條、第二十一條、第二十二條、第二十三條規定沒入該車輛。

汽機車駕駛人有第一項、第三項或第四項之情形，同時違反刑事法律者，經移置保管汽機車之領回，不受第八十五條之二第二項，應同時檢附繳納罰鍰收據之限制。

前項汽機車駕駛人，經裁判確定處以罰金低於第九十二條第四項所訂最低罰鍰基準規定者，應依本條例裁決繳納不足最低罰鍰之部分。

Unit 2

無心之過——過失傷害罪與過失致死罪

真實案例

路邊停車案

　　去年 8 月，邱媽媽將車停在轉角處，由於小兒子尿急，所以邱小弟弟只好打開車門去尿尿，沒料到後方一名騎士竟迎面撞上，並造成腦震盪，女騎士一氣之下告上檢察署，並求償 17 萬元。檢察官在受理該案後，認為 6 歲孩童沒有責任能力，所以依過失傷害罪起訴媽媽。

　　邱媽媽則是喊冤強調，當時小孩子開的是右側車門，而正常來說，機車應從左側過，不會撞到，所以機車騎士也是違規，怎麼把錯都推到她身上？邱媽媽自認沒錯，不願賠錢，女騎士便一狀告上檢察署，由於邱小弟弟沒有責任能力，所以子債母償，檢察官只好起訴媽媽。

　　（節錄自東森新聞報「子債母償？六歲男童開車門傷騎士　媽媽要吃官司」，作者郭淑靜、楊凱）

法律解析

　　馬路如虎口，開車上路最害怕的就是發生車禍，如果車禍中不幸造成他人傷亡，會構成什麼犯罪呢？刑法第 284 條規定：「因過失傷害人者，處一年以下有期徒刑、拘役或十萬元以下罰金；致重傷者，處三年以下有期徒刑、拘役或三十萬元以下罰金」，這就是

所謂的過失傷害罪及過失重傷害罪。

　　所謂傷害，是指使他人之生理機能發生障礙，或使健康狀態導致不良變更。所謂重傷害，則是指以下幾種情形（刑法第 10 條第 4 項）：

一、毀敗或嚴重減損一目或二目之視能。

二、毀敗或嚴重減損一耳或二耳之聽能。

三、毀敗或嚴重減損語能、味能或嗅能。

四、毀敗或嚴重減損一肢以上之機能（指手、腳）。

五、毀敗或嚴重減損生殖之機能。

六、其他於身體或健康，有重大不治或難治之傷害。

　　重傷害情形中的「毀敗」，指完全且永久的喪失生理機能，例如斷了一隻手、一隻腳、一耳聾掉、一眼瞎掉、變成啞巴、不能人道等。重大不治或重大難治的傷害，則是指 SARS、AIDS、使人致癌、變成植物人、腦死等情形。

　　此外，還有一種常見的過失犯類型，就是過失致死罪。依照刑法第 276 條的規定，因過失致人於死者，處 5 年以下有期徒刑、拘役或 50 萬元以下罰金。

　　案例中邱小弟弟為了上廁所，沒有看清後方來車便把車門打開，結果造成女騎士腦震盪。腦震盪是屬於普通傷害還是重傷害，要視具體情況認定之，如果沒有達到重大不治或重大難治的程度，仍然算是普通傷害。假設該腦震盪屬於普通傷害，邱小弟弟原本應會構成過失傷害罪，但是因為他未滿 14 歲，依刑法第 18 條第 1 項的規定，屬於無責任能力人，所以不須處罰；而邱媽媽未盡到監督未成年子女之義務，致使女騎士受傷，具有過失責任，因而會構成過失傷害罪，依法得處 1 年以下有期徒刑、拘役或 10 萬元以下罰金。

過失傷害罪、過失重傷害罪與過失致死罪

罪名	法條	法定刑	是否須告訴乃論
過失傷害罪	刑法第284條前段	1年以下有期徒刑、拘役或10萬元以下罰金	是
過失重傷害罪	刑法第284條後段	3年以下有期徒刑、拘役或30萬元以下罰金	是
過失致死罪	刑法第276條	5年以下有期徒刑、拘役或50萬元以下罰金	否

　　案例中提及女騎士向邱媽媽求償17萬元，其依據是民法的侵權行為損害賠償規定，賠償範圍包括財產上的損害賠償（如修車費、醫藥費、住院費、看護費、藥品費、往返醫院的車資、不能上班減少的薪水收入、喪失或減少勞動能力之損失、增加生活上需要之費用等）及非財產上的損害賠償（因住院、看病、疼痛之精神上慰撫金），關於此，請參照相關法條部分。

　　另外邱媽媽主張，機車右側超車，屬於違規，為什麼只有她被起訴？其關鍵理由在於，刑法上被害人的過失，不會影響加害人過失責任的成立。只要邱媽媽於本案中確有監督不周的過失責任，並造成女騎士的受傷，就該承擔過失傷害罪之刑責。換言之，女騎士的有無過失，只能成為民事賠償金額及法院量刑輕重的考量因素而已，邱媽媽不能以女騎士也有過失為由，主張免去過失傷害罪的刑責。

　　此外，刑法第287條規定，過失傷害罪以及過失重傷害罪均屬於告訴乃論之罪，因此如果邱媽媽和女騎士談妥條件、達成和解，只要女騎士撤回告訴，檢察官和法院就不會繼續追訴、審判邱媽媽的罪行；反之，過失致死罪則屬非告訴乃論之罪。

相關法條

1. 刑法第10條第4項

稱重傷者，謂下列傷害：

一、毀敗或嚴重減損一目或二目之視能。

二、毀敗或嚴重減損一耳或二耳之聽能。

三、毀敗或嚴重減損語能、味能或嗅能。

四、毀敗或嚴重減損一肢以上之機能。

五、毀敗或嚴重減損生殖之機能。

六、其他於身體或健康，有重大不治或難治之傷害。

2. 刑法第14條

行為人雖非故意，但按其情節應注意，並能注意，而不注意者，為過失。

行為人對於構成犯罪之事實，雖預見其能發生而確信其不發生者，以過失論。

3. 刑法第18條

未滿十四歲人之行為，不罰。

十四歲以上未滿十八歲人之行為，得減輕其刑。

滿八十歲人之行為，得減輕其刑。

4. 刑法第276條

因過失致人於死者，處五年以下有期徒刑、拘役或五十萬元以下罰金。

5. **刑法第284條**

因過失傷害人者，處一年以下有期徒刑、拘役或十萬元以下罰金；致重傷者，處三年以下有期徒刑、拘役或三十萬元以下罰金。

6. **刑法第287條**

……第二百八十四條……之罪，須告訴乃論。

7. **民法第184條第1項前段**

因故意或過失，不法侵害他人之權利者，負損害賠償責任。

8. **民法第191條之2**

汽車、機車或其他非依軌道行駛之動力車輛，在使用中加損害於他人者，駕駛人應賠償因此所生之損害。但於防止損害之發生，已盡相當之注意者，不在此限。

9. **民法第192條**

不法侵害他人致死者，對於支出醫療及增加生活上需要之費用或殯葬費之人，亦應負損害賠償責任。

被害人對於第三人負有法定扶養義務者，加害人對於該第三人亦應負損害賠償責任。

（以下略）

10. **民法第193條**

不法侵害他人之身體或健康者，對於被害人因此喪失或減少勞動能力或增加生活上之需要時，應負損害賠償責任。

前項損害賠償，法院得因當事人之聲請，定為支付定期金。但

須命加害人提出擔保。

11. 民法第194條

不法侵害他人致死者，被害人之父、母、子、女及配偶，雖非財產上之損害，亦得請求賠償相當之金額。

12. 民法第195條第1項前段

不法侵害他人之身體、健康、名譽、自由、信用、隱私、貞操，或不法侵害其他人格法益而情節重大者，被害人雖非財產上之損害，亦得請求賠償相當之金額。

13. 民法第197條第1項

因侵權行為所生之損害賠償請求權，自請求權人知有損害及賠償義務人時起，二年間不行使而消滅，自有侵權行為時起，逾十年者亦同。

14. 民法第217條第1項

損害之發生或擴大，被害人與有過失者，法院得減輕賠償金額，或免除之。

Unit ③

肇事逃逸──肇事逃逸罪與遺棄罪

真實案例

肇事逃逸案

　　前天清晨 5：16，李瑞彬在基隆地方法院前的東信路被一輛疾馳而過的機車撞倒，肇事者未停車察看，反而加速逃逸。李瑞彬因傷勢過重，經送醫急救無效。

　　由於目擊者指案發時肇事者因衝力過大曾跌倒，臉部可能受傷，員警再到基隆地區醫療院所查訪，發現設籍基隆市中和路的張姓少年曾到醫院治療臉部擦傷。將張姓少年的資料和車籍資料比對，確認張姓少年涉有重嫌。張姓少年前晚在家中見到員警到訪，供稱肇事後以為只是撞倒人，不知對方傷勢那麼嚴重，因害怕就逃逸，全案宣告偵破。

　　（節錄自聯合新聞網「清晨肇事逃逸夜晚警員登門」，作者張源銘）

法律解析

　　在道路上駕駛車輛，如果發生車禍撞傷路人，依照道路交通事故處理辦法第 3 條第 1 項第 2 款的規定，駕駛人應該要迅速對於受傷者予以救護，並打電話給 119 請求救援。但是有些駕駛人，為了害怕負擔法律責任，常置受傷者的生命安危於不顧，逕自揚長而去，此對於公眾的生命安全危害甚大，有鑑於此，刑法第 185 條之

4 規定：「駕駛動力交通工具發生交通事故，致人傷害而逃逸者，處六月以上五年以下有期徒刑；致人於死或重傷而逃逸者，處一年以上七年以下有期徒刑。犯前項之罪，駕駛人於發生交通事故致人死傷係無過失者，減輕或免除其刑。」以茲處罰。

條文中所謂動力交通工具，是指透過引擎動力推動的交通工具，如汽車、機車等。所謂肇事，是指發生交通事故。所謂逃逸，是指未停留相當時間處理事故即行離去。比較值得注意的是，駕駛人若要構成這個犯罪，必須在客觀上有「致人死亡、重傷或普通傷害」之事實（客觀處罰要件），換言之，如果今天駕駛人發生車禍後，並沒有造成別人死亡或受傷，此時就算未停留相當時間即行離去，仍不會構成刑法第 185 條之 4 的肇事逃逸罪。

案例中張姓少年肇事之後，在客觀上造成李先生的死亡，但並未停留相當時間進行救護或求援即行離去，此逃逸行為會構成刑法第 185 條之 4 第 1 項後段的肇事逃逸罪，依法得處 1 年以上 7 年以下有期徒刑。

此外，依照刑法第 294 條規定，如果行為人對於一個依法令（如道路交通事故處理辦法）應予扶助、保護的無自救能力之人（如因被撞傷而昏迷或不能自己移動之人），竟遺棄之或不為其生存所必要的扶助、保護，因而致人於死亡，得處以無期徒刑或 7 年以上的有期徒刑。所謂遺棄，是指積極的移置（空間改變）或棄置（外界遮斷）。所謂不為其生存所必要的扶助、保護，是指消極地不提供援助，如代為止血、報警等。

案例中張姓少年於案發當時如果認識到李先生無自救能力，仍不予援助而逕自逃逸，除了會構成刑法第 185 條之 4 第 1 項後段的肇事逃逸罪外，還會同時構成第 294 條的違背義務遺棄致死罪以及

上一單元介紹的第 276 條過失致死罪。當一個行為同時觸犯三個罪
名時，依刑法第 55 條之規定，必須論以法定刑最重的罪名；換言
之，此時應該論以刑法第 294 條的違背義務遺棄致死罪，處以無期
徒刑或 7 年以上有期徒刑。

相關法條

1. 刑法第55條
一行為而觸犯數罪名者，從一重處斷。但不得科以較輕罪名所
定最輕本刑以下之刑。

2. 刑法第185條之4
駕駛動力交通工具發生交通事故，致人傷害而逃逸者，處六月
以上五年以下有期徒刑；致人於死或重傷而逃逸者，處一年以
上七年以下有期徒刑。

犯前項之罪，駕駛人於發生交通事故致人死傷係無過失者，減
輕或免除其刑。

3. 刑法第293條
遺棄無自救力之人者，處六月以下有期徒刑、拘役或三千元以
下罰金。

因而致人於死者，處五年以下有期徒刑；致重傷者，處三年以
下有期徒刑。

4. 刑法第294條
對於無自救力之人，依法令或契約應扶助、養育或保護而遺棄

之，或不爲其生存所必要之扶助、養育或保護者，處六月以上、五年以下有期徒刑。

因而致人於死者，處無期徒刑或七年以上有期徒刑；致重傷者，處三年以上十年以下有期徒刑。

5. 道路交通事故處理辦法第3條

發生道路交通事故，駕駛人或肇事人應先爲下列處置：

一、事故地點在車道或路肩者，應在適當距離處豎立車輛故障標誌或其他明顯警告設施，事故現場排除後應即撤除。

二、有受傷者，應迅予救護，並儘速通知消防機關。

三、發生火災者，應迅予撲救，防止災情擴大，並儘速通知消防機關。

四、不得任意移動肇事車輛及現場痕跡證據。但無人傷亡且車輛尚能行駛，或有人受傷且當事人均同意移置車輛時，應先標繪車輛位置及現場痕跡證據後，將車輛移置不妨礙交通之處所。

五、通知警察機關，並配合必要之調查。但無人受傷或死亡且當事人當場自行和解者，不在此限。

前項第四款車輛位置及現場痕跡證據之標繪，於無人傷亡且車輛尚能行駛之事故，得採用攝影或錄影等設備記錄。

聚眾鬥毆——傷害罪、殺人罪與聚眾鬥毆罪

真實案例

案例一：騎士砍人案

左手裹著石膏，右手打著點滴的國光號司機胡興旺，翻開棉被一看，胸口和背部的傷痕，加起來就有 6 刀。

30 日下午胡興旺正要開車從桃園前往臺北，在經過桃園市民族路、復興路口時，喝醉酒的嫌犯陳為義，一路對著前方的車輛猛按喇叭，但是胡興旺駕駛的國光號正在等紅綠燈，無法動彈，結果嫌犯就騎到前面找他理論，誰曉得胡興旺一下車就被砍。被砍的司機胡興旺也加以反擊，把 40 歲的嫌犯陳為義打得全身是血，雖然嫌犯最後移送法辦，但這場無妄之災，讓司機和乘客都虛驚一場。

（節錄自蕃薯藤新聞「國光號不讓路酒醉騎士狂砍司機六刀」，作者黃啓洞、方思危）

眞實案例

案例二：錢櫃喋血案

　　同樣的情人節，同樣的北市忠孝東路錢櫃 KTV，今日再度發生鬥毆事件。死者李先生（27 歲）係在夜店下班後，與同事共同前往忠孝東路四段錢櫃 KTV 歡唱，而先前分屬竹聯幫風堂及東堂的兩派人馬，也在該店內 7 樓的 710、715 包廂各自聚餐，但在敬酒過程中，卻因細故發生爭吵，進而爆發打群架事故。後來風堂不敵東堂，便打電話找幫手，早晨 6：30 許，李先生在該店 3 樓遇到風堂找來的幫手，因爲身著服裝與東堂相近，被誤認爲是對方人馬，而遭圍毆砍殺，負傷的李先生隨即被送往國泰醫院急救，但最後因傷及心臟仍宣告不治死亡。家屬聞訊後趕到醫院則是傷心不已。

　　逞兇的滋事份子除誤殺死者李先生外，並毆傷了一名隸屬東堂的陳姓男子，目前，警方正調閱店內的監視錄影帶追查逞兇者到案，以釐清眞相。

　　（節錄自中時電子報「變調情人節　幫派鬥毆濺血一死二傷」，作者孫曜樟）

法律解析

　　無論是車禍糾紛、家庭暴力、朋友聚會或同學手吵，傷害罪似乎都經常發生，假設今天有二個人大打出手，而且彼此都有受傷，這樣他們會構成什麼犯罪呢？讓我們先從最基本的普通傷害罪談起。

刑法第 277 條第 1 項規定：「傷害人之身體或健康者，處五年以下有期徒刑、拘役或五十萬元以下罰金」，此即普通傷害罪。前面的單元提到過，傷害依其程度可分普通傷害和重傷害，如果所犯的是重傷害罪，依刑法第 278 條第 1 項規定：「使人受重傷者，處五年以上十二年以下有期徒刑」，此較諸普通傷害罪的法定刑要高出許多。

除了普通傷害罪及重傷害罪以外，殺人罪也是在馬路糾紛或報章雜誌上經常看到的犯罪類型。刑法第 271 條第 1 項規定：「殺人者，處死刑、無期徒刑或十年以上有期徒刑」，其法定刑又比重傷害罪高出許多。

此外，普通傷害罪由於侵害法益程度較為輕微，因此屬於告訴乃論之罪（刑法第 287 條），而重傷害罪及殺人罪由於侵害法益程度較為嚴重，因此屬於非告訴乃論之罪。現將三種犯罪比較如下。

普通傷害罪、重傷害罪與殺人罪

罪名	法條	法定刑	是否為告訴乃論
普通傷害罪	刑法第277條第1項	5年以下有期徒刑、拘役或50萬元以下罰金	是
重傷害罪	刑法第278條第1項	5年以上12年以下有期徒刑	否
殺人罪	刑法第271條第1項	死刑、無期徒刑或10年以上有期徒刑	否

行為人有時是基於一時的義憤或情緒，而傷害或殺害他人，由於其並非事先預謀，惡性較為輕微，情節也較為可憫，因此刑法第 279 條規定，如果是當場激於義憤而犯普通傷害罪或重傷害罪的

話，處 2 年以下有期徒刑、拘役或 20 萬元以下罰金；刑法第 273 條規定，若是當場激於義憤而殺人的話，處 7 年以下有期徒刑。此較諸一般情況下的普通傷害罪、重傷害罪及殺人罪，法定刑均減輕了不少，茲比較如下。

激於義憤與非激於義憤

當場激於義憤		非當場激於義憤	
罪名	法定刑	罪名	法定刑
義憤普通傷害罪	2年以下有期徒刑、拘役或20萬元以下罰金	普通傷害罪	5年以下有期徒刑、拘役或50萬元以下罰金
義憤重傷害罪	2年以下有期徒刑、拘役或20萬元以下罰金	重傷害罪	5年以上12年以下有期徒刑
義憤殺人罪	7年以下有期徒刑	殺人罪	死刑、無期徒刑或10年以上有期徒刑

　　不過如果行為人要以當場激於義憤為由減輕刑責，該「義憤」必須具備 4 項要件：1. 在犯罪當時之現場所激起；2. 被害人先有不正行為；3. 客觀上無可容忍；4. 足以引起公憤。舉例來說，如先生發現太太與人通姦，當場殺之，或是行人在馬路上被汽車撞傷，當場毆打駕駛人，均可認係當場激於義憤而為（33 年上字第 99 號判例、28 年上字第 2564 號判例）。

　　案例一中，被害人胡先生一下車就被陳先生砍了 6 刀，同時胡先生也把陳先生打到滿身是血（可能是自己的血）。陳先生動手砍人，會構成普通傷害罪應無疑問（因非當場激於義憤而為），但胡先生把陳先生打到滿身是血，是否會構成普通傷害罪（或義憤傷害罪）則有疑問，因為如果胡先生當時是為了保護自己的生命或身體，才對於陳先生的攻擊進行防衛行為（毆打陳先生），胡先生是

可以依據刑法第 23 條之規定，主張正當防衛而阻卻違法，不構成普通傷害罪（或義憤傷害罪）。

　　案例二中，風堂與東堂的兄弟們大打出手，風堂甚至找幫手砍死李先生並毆傷陳先生，下手殺害李先生的人（可能不只一位），會構成殺人罪（視情形可能構成義憤殺人罪），下手毆傷陳先生的人（可能不只一位），則會構成傷害罪（視情形可能構成義憤傷害罪）。

　　此外，雖未實際下手，但在一旁充人數、壯聲勢、撐場面的弟兄們，是否會構成犯罪呢？原則上如果沒有下手，法律不會對其處罰，但是一場鬥毆如果造成他人死亡或受重傷，在場助勢而未下手之人仍應負擔部分的刑責，因為他們的出現或多或少增加了鬥毆現場的危險性，也在精神層面給予下手實施砍殺的人支持，無形中等於促成了犯罪結果之發生。因此刑法第 283 條規定：「聚眾鬥毆致人於死或重傷者，在場助勢之人，處五年以下有期徒刑」，不過必須注意的是，如果該場鬥毆，並未造成任何人死亡或受重傷，則在場助勢之人，因客觀處罰要件不具備，並不會構成犯罪。

相關法條

1. 刑法第23條

對於現在不法之侵害，而出於防衛自己或他人權利之行為，不罰。但防衛行為過當者，得減輕或免除其刑。

2. 刑法第271條

殺人者，處死刑、無期徒刑或十年以上有期徒刑。

前項之未遂犯罰之。

預備犯第一項之罪者，處二年以下有期徒刑。

3. 刑法第273條

當場激於義憤而殺人者，處七年以下有期徒刑。

前項之未遂犯罰之。

4. 刑法第277條

傷害人之身體或健康者，處五年以下有期徒刑、拘役或五十萬元以下罰金。

犯前項之罪因而致人於死者，處無期徒刑或七年以上有期徒刑；致重傷者，處三年以上十年以下有期徒刑。

5. 刑法第278條

使人受重傷者，處五年以上十二年以下有期徒刑。

犯前項之罪因而致人於死者，處無期徒刑或七年以上有期徒刑。

第1項之未遂犯罰之。

6. 刑法第279條

當場激於義憤犯前二條之罪者，處二年以下有期徒刑、拘役或二十萬元以下罰金。但致人於死者，處五年以下有期徒刑。

7. 刑法第283條

聚眾鬥毆致人於死或重傷者，在場助勢之人，處五年以下有期徒刑。

8. 刑法第287條

第二百七十七條第一項……之罪，須告訴乃論。但公務員於執行職務時，犯第二百七十七條第一項之罪者，不在此限。

瘋女刮車——毀損罪

真實案例

瘋女刮車案

　　臺北市士林地區出現一名刮車女煞星，她一面假裝遛狗，一面沿路用鑰匙，狠狠地刮損停放在路邊的轎車，一個月下來刮了 50 多輛車，讓車主非常心痛，昨天早上再度犯案的時候，她的惡行剛好被監視器拍到。監視器清楚顯示，這個身材微胖的女人正悠悠閒閒地遛狗，不過一經過停靠路邊的車輛，立刻掏出鑰匙，嘎一聲，往車身狠狠刮一大條。

　　這位刮車女煞星也沒得意太久，因為巡守隊員早就注意她很久了，這回下手正好被巡守隊員看到，立刻衝過去抓人，還有監視器錄影帶作證，讓附近的居民全都鬆了一口氣。

　　（節錄自 TVBS 新聞「士林刮車女煞落網　五十輛車慘遭殃」，作者韓智先、鄭勝為）

法律解析

　　案例中刮車女煞星故意刮損他人汽車，會構成什麼犯罪呢？刑法第 354 條規定：「毀棄、損壞前二條以外之他人之物或致令不堪用，足以生損害於公眾或他人者，處二年以下有期徒刑、拘役或一萬五千元以下罰金」，這就是所謂的毀損罪。

　　條文中所謂毀棄，是指使該物完全消滅或使他人永久喪失該物之持有（有形之物理破壞）。所謂損壞，是指使該物之外形發生重大變化，減低物之可用性（有形之物理破壞）。所謂致令不堪用，是指使該物喪失特定目的之效用（無形之功能破壞）。所謂前二條以外之他人之物，是指文書、建築物、礦坑及船艦這四樣東西以外之物，所以汽車、機車、電腦、電視、眼鏡乃至日常生活中常見的一切財產，均屬本條文所保障的範圍，如果有人故意把這些東西毀損，依法得處 2 年以下有期徒刑、拘役或 1 萬 5,000 元以下罰金。

　　由於毀損罪侵害的法益為財產權，惡性不算重大，與社會公益亦無甚大關聯，因此刑法第 357 條規定，本罪屬於告訴乃論之罪，亦即必須由被害人提出告訴，檢察官及法官才會追訴、審判。這樣子事實上也給予被害人洽談和解金額的籌碼，因為如果行為人不願和解，被害人即可提出毀損罪告訴，讓行為人遭受到 2 年以下有期徒刑、拘役或 1 萬 5,000 元以下罰金之處罰。

　　必須特別注意的是，毀損罪並不處罰過失犯；換言之，如果行為人是不小心將他人之物毀損，除了民事責任以外，並不會構成刑事上的毀損罪。關於行為人的民事侵權行為損害賠償責任，請參考相關法條部分。

相關法條

1. 刑法第354條

毀棄、損壞前二條以外之他人之物或致令不堪用，足以生損害於公眾或他人者，處二年以下有期徒刑、拘役或一萬五千元以下罰金。

2. 刑法第357條

……第三百五十四條……之罪，須告訴乃論。

3. 民法第184條

因故意或過失，不法侵害他人之權利者，負損害賠償責任。故意以背於善良風俗之方法，加損害於他人者亦同。

違反保護他人之法律，致生損害於他人者，負賠償責任。但能證明其行為無過失者，不在此限。

4. 民法第197條第1項

因侵權行為所生之損害賠償請求權，自請求權人知有損害及賠償義務人時起，二年間不行使而消滅，自有侵權行為時起，逾十年者亦同。

5. 民法第213條

負損害賠償責任者，除法律另有規定或契約另有訂定外，應回復他方損害發生前之原狀。

因回復原狀而應給付金錢者，自損害發生時起，加給利息。

第一項情形，債權人得請求支付回復原狀所必要之費用，以代回復原狀。

6. 民法第214條

應回復原狀者，如經債權人定相當期限催告後，逾期不為回復時，債權人得請求以金錢賠償其損害。

7. 民法第215條

不能回復原狀或回復顯有重大困難者，應以金錢賠償其損害。

Unit **6**

設置路霸——竊佔罪

眞實案例

水果行路霸案

　　臺北市貴陽街的「金歡喜」水果行，路霸行爲囂張，水果攤架超過道路紅線，違規占用馬路，走進騎樓裡，水果攤占用情況更爲嚴重，只留下可供一人通行的小道。警方屢次開單，依舊遏止不了商家的路霸行爲，最後警方依竊佔罪嫌將業者移送法辦，臺北地方法院最後判處水果店老闆拘役55天。

　　問起老闆遭法院判刑之事，員工們均相當低調，只有老闆的弟弟表示，現在已經改善許多。路霸商家經常將路霸行爲合理化，不認爲有錯，爲了做生意，騎樓、人行道、馬路都淪爲營業場所，現在路霸行爲遭判刑，路霸商家應該有所警惕。

　　（節錄自東森新聞報「長期占用騎樓　路霸老闆被判拘役55天」，作者陳建廷、梁宏志）

法律解析

　　設置路霸除了會被警察開罰單外，是否一定會構成案例中的竊佔罪呢？刑法第320條第2項規定，「意圖爲自己或第三人不法之利益，而竊佔他人之不動產者」，處5年以下有期徒刑、拘役或

50 萬元以下罰金。這裡所謂的竊佔，是指排除他人對該不動產的監督管領力，移入自己的監督管領力之下。依照司法實務見解，如果店家是持續性地把某種設施固定在公用道路上占位，無論是利用攤架、車棚、有加鍊鎖的機車或柱子等，都會被認定係排除他人對該土地的監督管領力，而構成竊佔罪。

案例中的商家因為是用水果攤架長期占用公用道路、騎樓，已排除了他人對該部分土地的使用權利，所以會構成竊佔罪，依法得處 5 年以下有期徒刑、拘役或 50 萬元以下罰金。

但是如果商家是用非固定式的設施占住公用土地，如可移動的機車、花盆等，由於他人仍可搬動該設施以使用該土地，其監督管領力並未被完全排除，因此商家不會構成竊佔罪。

相關法條

- **刑法第320條**

  意圖為自己或第三人不法之所有，而竊取他人之動產者，為竊盜罪，處五年以下有期徒刑、拘役或五十萬元以下罰金。

  意圖為自己或第三人不法之利益，而竊佔他人之不動產者，依前項之規定處斷。

  前二項之未遂犯罰之。

4

經濟生活與刑法

Unit ①

路不拾遺──侵占遺失物罪

拾金不昧案

　　1,000 元也許不算多，但對現代人而言，能撿到 1,000 元還堅持要送交警局的卻不多了。住在彰化縣和美鎮的彰化高中學生洪長慶與就讀和美國小 5 年級的弟弟洪豪志兄弟，6 個月前在彰化銀行前撿到一張千元大鈔，兩兄弟認爲是別人領錢掉落的，因此想要送交在附近執勤巡邏勤務的員警。當時有人勸説，路上撿到錢放到口袋內並不違法，但兩兄弟不爲所動，仍堅持交給警察。中正所員警受理後，製發受理遺失物收據，並辦理招領公告，6 個月公告期滿，沒人認領，依規定要歸拾得人所有，昨日由彰化分局刑事組通知洪長慶到分局領取 1,000 元。

　　彰化分局員警指出，一般進入刑事組的青少年或學生，都是涉犯刑案才會被帶來，洪姓學生卻是因義行到刑事組。在現今社會，能有洪家兄弟這般的表現，實在非常難得，希望學校能給予表揚，作爲同學楷模。

　　（節錄自《臺灣日報》「兄弟拾金不昧警方讚揚　拾獲千元鈔交警局　彰化分局盼學校表揚」，作者鄧惠珍）

法律解析

　　相信大家多少都有撿到遺失物的經驗，依照民法規定，拾得遺

失物時，應該從速通知遺失人、所有人或交到警察局、縣市政府，如果遺失人過了6個月還沒來認領，拾得人便可合法取得該物所有權；而若遺失人於6個月內來認領，雖然拾得人不能取得該物所有權，但是最多仍可對遺失人請求給付該物價值十分之一之報酬。

　　如果拾得人於撿到遺失物時，沒有按照民法規定處理，就有可能觸犯刑法第337條的侵占遺失物罪。該條文規定：「意圖爲自己或第三人不法之所有，而侵占遺失物、漂流物或其他離本人所持有之物者，處一萬五千元以下罰金」。其中所謂「遺失物、漂流物或其他離本人所持有之物」，是指非基於本人意思，偶然脫離持有之物，例如不小心遺失的手機、現金、鑰匙、皮夾，或是不小心掉到海裡的瓶子、排球等。條文中所謂「侵占」，是指拾得人易持有爲所有的行爲，或是使原權利人對該物形成持續分離狀態之行爲，舉例來說，當拾得人撿到手機時，雖然已經取得持有，但是還不一定會構成侵占，拾得人必須把手機藏起來、帶回家使用、送給別人、賣給二手手機商店或把SIM卡拔出換上自己的SIM卡等，才會使失主與該物形成持續分離之狀態，也才算是易持有爲所有的行爲。

　　當大家看到本罪只處1萬5,000元以下罰金時，可能覺得罰得太輕，因爲撿到的東西之市價如果超過新臺幣1萬5,000元，這樣的刑責豈能收到嚇阻之效？爲了避免前述弊端發生，刑法第58條規定，如果犯罪所得的利益超過法定罰金之最高額時，得於所得利益之範圍內酌量加重；換言之，如果撿到的東西市價爲5萬元，侵占遺失物的人最高即可罰至新臺幣5萬元，不必受到本罪法定刑的限制。

　　此外，罰錢固然事小，但是若被科處罰金，將成爲不良紀錄，對於日後找工作、應公職、申請移民、申請就學等，均會有不

良影響。所以提醒讀者於撿到遺失物時，要記得依民法的規定處理，一來可以避免觸犯刑法，二來也有機會合法取得該物所有權，或是最多請求該物價值十分之一的報酬。

相關法條

1. 刑法第58條
科罰金時，除依前條規定外，並應審酌犯罪行為人之資力及犯罪所得之利益。如所得之利益超過罰金最多額時，得於所得利益之範圍內酌量加重。

2. 刑法第337條
意圖為自己或第三人不法之所有，而侵占遺失物、漂流物或其他離本人所持有之物者，處一萬五千元以下罰金。

3. 刑法施行法第1條之1
中華民國九十四年一月七日刑法修正施行後，刑法分則編所定罰金之貨幣單位為新臺幣。

九十四年一月七日刑法修正時，刑法分則編未修正之條文定有罰金者，自九十四年一月七日刑法修正施行後，就其所定數額提高為三十倍。但七十二年六月二十六日至九十四年一月七日新增或修正之條文，就其所定數額提高為三倍。

4. 民法第803條
拾得遺失物者應從速通知遺失人、所有人、其他有受領權之人或報告警察、自治機關。報告時，應將其物一併交存。但於機

關、學校、團體或其他公共場所拾得者，亦得報告於各該場所之管理機關、團體或其負責人、管理人，並將其物交存。

前項受報告者，應從速於遺失物拾得地或其他適當處所，以公告、廣播或其他適當方法招領之。

5. 民法第805條

遺失物自通知或最後招領之日起六個月內，有受領權之人認領時，拾得人、招領人、警察或自治機關，於通知、招領及保管之費用受償後，應將其物返還之。

有受領權之人認領遺失物時，拾得人得請求報酬。但不得超過其物財產上價值十分之一；其不具有財產上價值者，拾得人亦得請求相當之報酬。

有受領權人依前項規定給付報酬顯失公平者，得請求法院減少或免除其報酬。

第二項報酬請求權，因六個月間不行使而消滅。

第一項費用之支出者或得請求報酬之拾得人，在其費用或報酬未受清償前，就該遺失物有留置權；其權利人有數人時，遺失物占有人視為為全體權利人占有。

6. 民法第805條之1

有下列情形之一者，不得請求前條第二項之報酬：

一、在公眾得出入之場所或供公眾往來之交通設備內，由其管理人或受僱人拾得遺失物。

二、拾得人未於七日內通知、報告或交存拾得物，或經查詢仍隱匿其拾得遺失物之事實。

三、有受領權之人為特殊境遇家庭、低收入戶、中低收入戶、

依法接受急難救助、災害救助，或有其他急迫情事者。

7. 民法第807條

遺失物自通知或最後招領之日起逾六個月，未經有受領權之人認領者，由拾得人取得其所有權。警察或自治機關並應通知其領取遺失物或賣得之價金；其不能通知者，應公告之。

拾得人於受前項通知或公告後三個月內未領取者，其物或賣得之價金歸屬於保管地之地方自治團體。

Unit 2

來路不明──贓物罪

網拍贓物案

　　高雄市一名從工廠退休的 62 歲阿伯，在不知情的情況下，花了 20 萬向竊盜集團買了一批古錢幣，還努力學電腦上網拍賣，可是這批古錢幣全是贓物，警方循線追查，老阿伯錢沒賺到，還可能吃上贓物罪官司。

　　警方說，被害人古董商，在家裡總共裝了 4 道門和 7 道鎖，不過小偷還是能闖進去，而且就專偷價值高的古錢幣，偷到後立刻轉手，老伯伯退休後要轉業，沒想到買到了贓物，也吃上了官司。

　　（節錄自東森新聞報「阿伯學拍賣　批貨二十萬全是贓物」，作者湯輝恆）

法律解析

　　刑法上侵害財產法益的犯罪類型有很多種，如強盜罪、恐嚇取財罪、搶奪罪、竊盜罪、侵占罪、詐欺罪等都是（這些會在其他單元進行介紹），這些財產犯罪取得之財物，法律上稱為「贓物」。

　　收受贓物或買受贓物之所以要處罰，是因為有人收買贓物才會有人去偷盜，此外收買贓物也會使失主難以找回遺失的財產，因此刑法第 349 條第 1 項規定：「收受、搬運、寄藏、故買贓物或媒介

者，處五年以下有期徒刑、拘役或科或併科五十萬元以下罰金。」

所謂收受贓物，是指取得對贓物之持有，包含「借用」贓物在內，例如某人將撿到的手機交予他人，該他人如果知情的話，就會構成收受贓物罪。所謂搬運贓物，是指為他人搬運贓物而言，若為自己搬運贓物則不屬之。所謂寄藏贓物，是指受寄他人贓物，且為之隱藏而言（30 年非字第 57 號判例）。所謂故買贓物，是指基於對價關係而取得持有贓物，例如用現金購買偷來的電腦，或是用手機交換偷來的電視。所謂媒介，是指居間介紹贓物之交易買賣而言（仲介贓物），而且必須買賣雙方契約已經成立才算犯罪。

案例中的阿伯花了 20 萬元買了一批古董贓物，還到網路上進行拍賣，後來被警方循線逮捕。假設阿伯於購買這批古董時，明知其為贓物，依故買贓物罪之規定，阿伯會被處 5 年以下有期徒刑、拘役或科或併科 50 萬元以下罰金，而若阿伯於購買古董時並不知情，由於欠缺故買贓物之故意，所以不會成立犯罪。

實務上買受人到底有沒有購買贓物的故意，要依證據認定。因此建議大家在拍賣網站上或是二手商店購買東西時，要問清楚所買的是不是贓物，如果對方在電子信件中或收據上保證該物不是贓物，日後如有爭議，則可憑此證明自己並不知情，欠缺購買贓物故意，免去故買贓物罪責。

此外，刑法第 349 條第 2 項規定：「因贓物變得之財物，以贓物論」。如果小偷偷到一支手機，該手機屬於贓物固無疑問，惟若小偷將該手機賣得現金 5,000 元，因該 5,000 元為贓物變得之財物，所以依該條文規定，仍視為贓物。假設小偷後來再利用這 5,000 元去購買一臺電視遊樂器，該電視遊樂器還算不算是贓物呢？我國司法實務（法務部檢察司法 76 檢二字 2207 號函）認為，為避免贓

物變得之財物範圍無限制擴大，所以第二次變得的財物不再視為贓物；換言之，如果有人收受或故買這臺電視遊樂器，並不會構成贓物罪。

如果我們不小心買到贓物，只要證明自己不知情，便不致構成贓物罪。但是該物的所有權人，依民法規定仍得自該物遺失或被偷盜時起 2 年之內向我們請求返還。惟若我們當初是在拍賣網站、公共市場或商店支付價金買得這些贓物的話，民法為了維持交易秩序及買受人的權益，規定該物所有權人必須償還支出的價金後才可取回自己的東西，因為畢竟該物之所以遺失或被偷盜，所有人亦應承擔保管不周之責任。

相關法條

1. 刑法第349條

收受、搬運、寄藏、故買贓物或媒介者，處五年以下有期徒刑、拘役或科或併科五十萬元以下罰金。

因贓物變得之財物，以贓物論。

2. 民法第949條

占有物如係盜贓、遺失物或其他非基於原占有人之意思而喪失其占有者，原占有人自喪失占有之時起二年以內，得向善意受讓之現占有人請求回復其物。

依前項規定回復其物者，自喪失其占有時起，回復其原來之權利。

3. 民法第950條

盜贓、遺失物或其他非基於原占有人之意思而喪失其占有之物，如現占有人由公開交易場所，或由販賣與其物同種之物之商人，以善意買得者，非償還其支出之價金，不得回復其物。

地下錢莊——重利罪

真實案例

軍中黑幫案

　　臺中縣警察局刑警隊今天偵破一起軍中地下錢莊組織犯罪暨暴力持槍討債集團案件，起出制式手槍、電擊棒等大批證物，受害者多達3、4百人，逮捕主嫌郭永明（41歲、有重利前科）等24名嫌犯。

　　被害人大多數為軍中退役官兵，其中，階級最高的是中校，少數為公務員及老師，受害金額從新臺幣10萬元，最高到3、4百萬元不等。該犯罪集團乘被害人急需現金的狀況放貸重利，以10日為一期計算，每貸10萬元，一期利息為1萬元，總帳外加管理費4,000元。若有被害人無力償還，該集團即以向軍方舉發為要脅，迫使被害人因為擔心受處分，或是因此無法享有終身俸，而辦理自願退伍，最後以退伍所得的退休金充抵債務。

　　警方調查，這個暴力討債集團的總部設置於嘉義市一棟高14層的大樓，其中，這個集團就占了6層樓。警方昨天晚間動員100多名警力，乘嫌犯在尾牙慶功宴時一舉逮捕到案，並深入擴大偵辦中。

　　（節錄自中央社「臺中縣偵破軍中地下錢莊討債集團」，作者趙宏進）

法律解析

　　小時候師長教導我們，朋友有難，應該慷慨相助，但是世風日下，現代人遇到別人有難，反而會乘機敲他一筆。對於此種乘人之危以獲取暴利的人，刑法有何處罰規定呢？

　　刑法第 344 條規定：「乘他人急迫、輕率、無經驗或難以求助之處境，貸以金錢或其他物品，而取得與原本顯不相當之重利者，處三年以下有期徒刑、拘役或科或併科三十萬元以下罰金。前項重利，包括手續費、保管費、違約金及其他與借貸相關之費用。」這就是所謂的「重利罪」。條文中所謂與原本顯不相當之重利，係指就原本利率、時期核算及參酌當地之經濟狀況，較之一般債務之利息，顯有特殊之超額者而言。

　　案例中以郭永明為首的 24 名嫌犯，每貸 10 萬元，10 天的利息就高達 1 萬元，等於是月利率 30%、年利率 360%，遠遠高於一般債務之利息，所以他們會構成重利罪，依法得處 3 年以下有期徒刑、拘役或科或併科 30 萬元以下罰金。

　　附帶一提，由於民法第 205 條規定，「約定利率，超過週年百分之十六者，超過部分之約定，無效。」因此案例中的債務人，依法只須償還所貸本金 10 萬元及年利率 16% 的利息 1 萬 6,000 元，合計本息 11 萬 6,000 元。

相關法條

1. 刑法第344條

　　乘他人急迫、輕率、無經驗或難以求助之處境，貸以金錢或其

他物品，而取得與原本顯不相當之重利者，處三年以下有期徒刑、拘役或科或併科三十萬元以下罰金。

前項重利，包括手續費、保管費、違約金及其他與借貸相關之費用。

2. 民法第205條

約定利率，超過週年百分之十六者，超過部分之約定，無效。

Unit 4

十賭九輸──賭博罪

眞實案例

案例一：賭博電玩案

臺中市警方凌晨突檢一家大型電子遊藝場，許多賭客都以加入會員的方式到這裡來賭博，警方發現，賭客可以以積分卡內累計的積分到遊藝場側門外的暗巷兌換現金。這家電子遊藝場有許可執照，業者就仗著合法名義，大肆公然賭博，警方昨天查扣了積分卡、現金賭資，逮捕 21 人，沒收135 台賭博電玩。

（節錄自 TVBS 新聞「合法遊藝場公然賭博　一百三十五台電玩沒收」）

眞實案例

案例二：網路簽賭案

彰化檢、警於 4 個多月前在彰化和美地區破獲網路簽賭，但發現只是個小站，專案人員抽絲剝繭偵查，發現網路簽賭系統的「中樞」在臺中市，續查而鎖定位於四川路 32號的廣鏵電腦科技公司，於昨天下午持搜索票進入，順利破案。現場至少查獲 15 座類似賓果開獎的浮球系統機具及多臺電腦。

據警方調查，這個大型簽賭站可說是臺灣所有網路簽

賭的總站，旗下分支遍布臺灣西岸所有大城市，他們將網站設於國外，再向達躍科技股份有限公司承租網域，並於其內架設中港、新港龍博彩等公司網頁及投注站，供不特定人士上網投注，投注種類有賓果、百家樂、足球、美國職棒、大陸海南地下六合彩，據稱原來亦包括國內的職棒，但在前不久職棒簽賭被查獲後，這部分暫時停止受理簽注。

（節錄自《中國時報》「大破百億網路簽賭」）

法律解析

賭博是一種依偶然事實決定財物得失的行為，換言之，賭客無法完全支配輸贏，頂多只能靠「三分實力，七分運氣」。賭博會使賭客的財產產生不確定的變化，甚至傾家蕩產、偷盜犯罪，因此刑法對於賭博行為有所處罰。

刑法第266條規定：「在公共場所或公眾得出入之場所賭博財物者，處三萬元以下罰金。但以供人暫時娛樂之物為賭者，不在此限。」條文中所謂供人暫時娛樂之物，是指該物同時具備「消費之即時性」及「價值之輕微性」而言；換言之，若該供賭博之物品價值甚高或是具有累積性，則不能算是供人暫時娛樂之物。

案例一中賭客贏了錢就可以拿積分卡到遊藝場的側門外暗巷兌換現金，由於積分卡具有累積性，不具消費之即時性，且積分後之總價值亦不符價值之輕微性，因此並非以供人暫時娛樂之物為賭，應構成賭博罪。

案例二中賭客是透過網路進行賭博，由於賭博網站是一個可以

提供不特定人或多數人上網下注的地方，所以應認為符合「公眾得
出入之場所」的概念，而且投注金額往往不符價值之輕微性，所以
網路賭客們也會構成賭博罪。

　　前述都是賭客的刑責，事實上賭博業者（莊家）的刑責比賭客
更重，刑法第 268 條規定：「意圖營利，供給賭博場所或聚眾賭博
者，處三年以下有期徒刑，得併科九萬元以下罰金」，提供賭博場
所或聚眾賭博的莊家們，所觸犯的便是本罪。

　　附帶一提，賭博欠下的債務，依法不必償還，因為民法第 71
條規定：「法律行為，違反強制或禁止之規定者，無效」，由於賭
博行為違反刑法的禁止規定（賭博罪），因此債權人不能透過法律
程序訴請債務人償還賭債。

相關法條

1. 刑法第266條

在公共場所或公眾得出入之場所賭博財物者，處三萬元以下罰
金。但以供人暫時娛樂之物為賭者，不在此限。
當場賭博之器具與在賭檯或兌換籌碼處之財物，不問屬於犯人
與否，沒收之。

2. 刑法第268條

意圖營利，供給賭博場所或聚眾賭博者，處三年以下有期徒
刑，得併科九萬元以下罰金。

3. 社會秩序維護法第84條

於非公共場所或非公眾得出入之職業賭博場所，賭博財物者，

處新臺幣九千元以下罰鍰。

4. 民法第71條

法律行為，違反強制或禁止之規定者，無效。但其規定並不以之為無效者，不在此限。

行使偽鈔──行使偽造貨幣罪

真實案例

行使偽鈔案

　　新竹縣溫姓男子，因為使用 4 張千元偽鈔，分別前往不同地點兌換小額鈔票，結果被新竹地院依行使偽造貨幣罪名，判處 4 年的有期徒刑，法官強調，溫姓男子被重判的原因是因為明知持有的是偽鈔，還執意使用兌換小額鈔票，和一般民眾不慎使用偽鈔的情形完全不同。

　　判決書指出，溫姓男子，85 年間，明知另一被告陳雲利所交付的 38 張千元鈔票是偽鈔，卻因為經商失利，利用夜間持千元大鈔前往檳榔攤或是雜貨店，購買小額商品藉以兌換小額鈔票，溫姓男子被查獲後，審理期間還前往巴西和越南躲避官司，最後還是因為經濟狀況不佳，去年 5 月份潛回國內被警方查獲，全案新竹地院審理終結，法官依行使偽造貨幣罪名，判處被告 4 年的有期徒刑。

　　（節錄自中廣新聞網「實在划不來　一男子用四張偽鈔換來四年徒刑」）

法律解析

　　前陣子臺灣偽鈔滿天飛，影響金融秩序甚鉅，因此央行不斷改版新臺幣，增加更多的防偽設計。如果今天行為人明知持有的是

偽鈔還拿去使用，會構成什麼犯罪呢？依據刑法第 196 條第 1 項規定，「行使偽造、變造之通用貨幣、紙幣」，處 3 年以上 10 年以下有期徒刑，得併科 15 萬元以下罰金，此即所謂的行使偽造貨幣罪。

　　然而在有些情況，行為人是在收受鈔票後才發現那是偽鈔，為了不想承受損失，所以繼續拿著偽鈔去騙人。此種情況由於行為人本身也是受害人，所以刑法第 196 條第 2 項規定，「收受後方知為偽造、變造之通用貨幣、紙幣」而仍行使，只處 1 萬 5,000 元以下罰金（如果行為人於行使偽鈔時，完全不知道那是偽鈔，由於欠缺行使偽鈔之故意，所以不會構成犯罪）。

　　案例中的溫姓男子，於收受偽鈔前即知陳先生所交付的 38 張千元鈔票均係偽造，並非於收受後才發現，所以他所觸犯的是刑法第 196 條第 1 項的行使偽造貨幣罪，而非同條第 2 項之犯罪。

　　除了行使偽鈔的人會構成犯罪外，製造偽鈔的人由於係大量生產以獲取利潤，對於金融秩序及社會大眾財產之侵害更為嚴重，因此刑法第 195 條規定，「意圖供行使之用，而偽造、變造通用之貨幣、紙幣」，處 5 年以上有期徒刑（有期徒刑最高為 15 年），得併科新臺幣 15 萬元以下罰金，其法定刑比行使偽造貨幣罪更高。

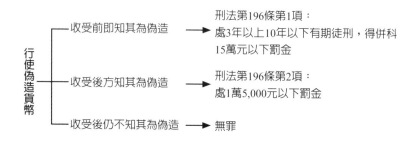

　　不論是偽造鈔票、硬幣或是行使偽鈔、偽幣都會構成犯罪，那麼如果有人偽造電動遊戲場的代幣，會不會同樣構成犯罪呢？答案是不會，因為條文中規定的貨幣、紙幣係以具強制流通力的通用貨幣、紙幣為限，一般電動遊戲場的代幣由於不具強制流通力，所以即便偽造遊戲代幣亦不會構成偽造貨幣罪。

相關法條

1. 刑法第195條

意圖供行使之用，而偽造、變造通用之貨幣、紙幣、銀行券者，處五年以上有期徒刑，得併科十五萬元以下罰金。
前項之未遂犯罰之。

2. 刑法第196條

行使偽造、變造之通用貨幣、紙幣、銀行券，或意圖供行使之用而收集或交付於人者，處三年以上十年以下有期徒刑，得併科十五萬元以下罰金。
收受後方知為偽造、變造之通用貨幣、紙幣、銀行券而仍行使，或意圖供行使之用而交付於人者，處一萬五千元以下罰金。
第一項之未遂犯罰之。

中獎通知──詐欺罪

眞實案例

中獎通知案

　　被害的劉姓民眾向警方表示，他在 8 月 12 日接到自稱國際迪士尼集團的電話，告訴他中了四獎，有 88 萬元的獎金，在喜出望外下，依指示的電話和位在臺北市復興北路的該公司會計師李慧如聯絡，對方告訴他要在 15 日以前到香港辦手續，劉某告知 17 日才能成行。對方表示如此一拖電腦資料會被消掉，補救辦法是以 10 萬元義購愛心金子。

　　劉某依言在 17 日匯 10 萬元到合庫朴子支庫某某帳戶，但對方又電告他由於不是會員，所以要繳保證金港幣 8 萬元，劉某先後共匯 4 次，全部金額為 48 萬元，劉某將款項匯出後才發現情況不對，在無法追回之下，只好報警處理。

　　（節錄自東森新聞報「你中獎了～詐騙集團用老招民眾還是上當」，作者蘇俊銘）

法律解析

　　詐欺集團手法層出不窮，中獎通知已經算是老套，日前聽說還有騙徒模仿被害人之親戚、朋友的聲音，透過電話向被害人借錢的眞實案例，其手法之專業，著實令人稱奇。對於此種以詐騙手段取得他人財物之人，刑法有何處罰規定？

　　刑法第 339 條規定，「意圖為自己或第三人不法之所有，以詐術使人將本人或第三人之物交付者」，或得財產上不法之利益者，處 5 年以下有期徒刑、拘役或科或併科 50 萬元以下罰金，這就是所謂的詐欺罪。

　　依照通說見解，詐欺罪的行為人除了主觀上必須有不法所有之意圖及詐欺故意外，客觀上還必須具備以下幾個要件：

一、行使詐術

　　指行為人傳遞一個與客觀事實不符之資訊，例如明明被害人沒有中獎卻通知他有中獎，必須匯出一筆稅金或保證金。

二、陷於錯誤

　　指被害人主觀上的認知與客觀事實不符，例如被害人主觀上相信自己中獎了，但是客觀上並沒有。

三、財產處分

　　指被害人交付財物或做了一個足以產生財產利益變動之行為，例如被害人把稅金 10 萬元匯入詐騙集團指定的帳戶，或是將名下的房子過戶登記到對方名下。

四、財產損害

　　指被害人的財產在法律層面及經濟層面均遭受損害，例如嫖客欺騙援交妹說，事成之後會給她 5,000 元，但是完事後卻拔腿就跑，由於「性交易」雖具有一定的經濟價值（經濟層面有損害），但是並非合法的行為（法律層面無損害），因此不能認為援交妹受有財產損害，嫖客白嫖也不會構成詐欺罪。

五、因果關係

　　指第一要件與第二要件、第二要件與第三要件、第三要件與第四要件之間，均必須有相當因果關係。換言之，詐騙集團行使詐

術必須使被害人陷於錯誤，被害人必須基於錯誤而爲財產處分，該財產處分必須造成被害人的財產損害，如此因果關係方可謂全部具備。

　　案例中詐騙集團通知劉先生中了四獎，可得到獎金88萬元（行使詐術），劉先生誤信以爲眞後（陷於錯誤），便匯了48萬元到指定帳戶（財產處分），致使劉先生受有財產損害，因此詐騙集團會構成詐欺罪，依法得處5年以下有期徒刑、拘役或科或併科50萬元以下罰金。

相關法條

・**刑法第339條**

意圖爲自己或第三人不法之所有，以詐術使人將本人或第三人之物交付者，處五年以下有期徒刑、拘役或科或併科五十萬元以下罰金。

以前項方法得財產上不法之利益或使第三人得之者，亦同。

前二項之未遂犯罰之。

Unit **7**

眞實案例

案例一：假槍強盜案

　　警方今天逮到一名橫跨中部四縣市，20 天內連搶 14 家加油站的強盜犯，嫌犯到案後供稱，都是爲了攢錢嫖妓，才會膽大妄爲，犯下連續強盜案。

　　嫌犯開著黑色轎車進入加油站，佯裝成加油客人，沒多久，帶著頭套的嫌犯衝下車，亮出假的手槍，大喊搶劫，沒想到卻被店員取笑。被取笑不甘心，亮出長長的西瓜刀後，嫌犯還大聲對加油員嗆聲：「這把刀假不了了吧！」把加油員嚇出一身冷汗，順利搶走 1 萬多元。

　　（節錄自 TVBS 新聞「假槍搶劫遭取笑搶嫌氣炸亮眞刀」）

眞實案例

案例二：恐嚇牙醫案

　　臺中市一家牙醫診所黃醫師報案指稱，他於今年 1 月起，陸續接獲一名不詳男子來電，要他於近日內備妥新臺幣 500 萬元，否則要向各大報社、週刊公布他於多年前與某前立委女兒的多角畸戀，使他身敗名裂。

　　黃醫師心生畏懼，遂主動向警方報案，專案小組於今天清晨 5 時許接獲嫌犯來電，指稱若不順利交出 500 萬元，

不僅要將相關資料寄給新聞媒體，並會對黃醫師及診所員工做出人身安全危害之行為。

專案小組與嫌犯相約在診所付款，隨即順利逮捕前來取款之張文豪等人，經查張嫌現為竹聯幫護法，長期以來都在竹聯幫趙姓精神領袖身邊擔任保鏢，案經偵訊後，張嫌等人坦承犯案不諱，全案移送臺中地檢署擴大偵辦。

（節錄自中央社「豐原偵破牙醫師遭恐嚇取財案　逮捕三嫌犯」，作者趙宏進）

眞實案例

案例三：偷雞進補案

凌晨 4 點多，偷雞賊手提著帆布袋，偷偷潛入一間位在瑞芳鎮的雞寮內偷雞，不過由於動作太大引發雞群一陣騷動，將正在熟睡中的雞寮黃姓主人吵醒。主人報警後，不敢輕舉妄動，一邊監控一邊等警察來，5 分鐘後警方趕抵現場，把袋子裡裝了一隻雞，手上也拎著一隻雞的張姓男子逮捕，帶回警局偵辦。

偷雞賊向警方供稱，他後天就要入伍，偷雞是為了替懷胎 9 個月的新婚妻子燉雞補身。因為妻子腹中胎兒發育不足，身邊又沒有錢可以買補品，擔心妻子與胎兒健康，才會一時偏差，鋌而走險成了偷雞賊。

（節錄自 TVBS 新聞「連雞也偷！妻快臨盆沒錢買補品　偷雞進補」）

法律解析

　　強盜罪、恐嚇取財罪、搶奪罪與竊盜罪都是侵害財產法益的犯罪，在構成要件上有其相同處也有其相異處，為了方便瞭解，我們先將四種罪名比較如下表。

強盜罪、恐嚇取財罪、搶奪罪與竊盜罪

罪名	法條	是否有不法所有之意圖	被害人是否當場知情	是否施強暴、脅迫或恐嚇	是否至使被害人不能抗拒	法定刑
強盜罪	刑法第328條	是	是	是	是	5年以上有期徒刑
恐嚇取財罪	刑法第346條	是	是	是	否	6月以上5年以下有期徒刑，得併科3萬元以下罰金
搶奪罪	刑法第325條	是	是	否	否	6月以上5年以下有期徒刑
竊盜罪	刑法第320條	是	否	否	否	5年以下有期徒刑、拘役或50萬元以下罰金

　　這四種犯罪的行為人在主觀要件上都必須有為自己或第三人不法所有之意圖及犯罪之故意，在客觀要件上則各有差異。以行為人於實施犯罪行為時，被害人是否當場知情來作區分，除了竊盜罪是趁人不知而竊取他人財物外，其他三種犯罪都是在被害人當場知情的情況下為之。

　　以行為人是否實施強暴（有形強制力）、脅迫（無形強制力，現在惡害之通知，使人心生恐懼，較具急迫性）或恐嚇（無形強制

力，將來惡害之通知，使人心生恐懼，較不具急迫性）來作區分，竊盜罪與搶奪罪都沒有實施強暴、脅迫或恐嚇，但強盜罪與恐嚇取財罪則有。如果行為人有實施強暴、脅迫或恐嚇，除了會對財產權造成侵害外，對於被害人的自由意志也會造成較大的侵害，因此強盜罪與恐嚇取財罪在法定刑上，比沒有實施強暴、脅迫、恐嚇的竊盜罪與搶奪罪要高。

以行為人是否侵害被害人的自由意志至不能抗拒的程度來區分，除了強盜罪有至使被害人不能抗拒外，其他三種犯罪都沒有至使被害人不能抗拒，由此可知，這四種犯罪中侵害被害人自由意志最嚴重的是強盜罪，因此，其法定刑也高出其他三種犯罪甚多。

以法定刑輕重來作區分，強盜罪最重，恐嚇取財罪次之，搶奪罪再次之，竊盜罪最輕，理由如前所述，主要是與各該犯罪侵害被害人自由意志的程度有關。

詳言之，刑法第 328 條規定：「意圖為自己或第三人不法之所有，以強暴、脅迫、藥劑、催眠術或他法，至使不能抗拒，而取他人之物或使其交付」，或得財產上不法之利益者，為強盜罪。由於其係在被害人當場知情的情況下，以強暴、脅迫為手段，至使被害人不能抗拒而取得財物，侵害自由意志最嚴重，手段亦最強烈，所以法定刑為 5 年以上有期徒刑（有期徒刑最高至 15 年）。

刑法第 346 條規定：「意圖為自己或第三人不法之所有，以恐嚇使人將本人或第三人之物交付」，或得財產上不法之利益者，為恐嚇取財罪。由於其係在被害人當場知情的情況下，以恐嚇為手段取得財物，但被害人仍有抗拒空間，自由意志被侵害的程度不如強盜罪嚴重，因此法定刑為 6 月以上、5 年以下有期徒刑，得併科 3 萬元以下罰金。

　　刑法第 325 條規定：「意圖為自己或第三人不法之所有，而搶奪他人之動產者」，為搶奪罪。依法院實務見解（32 年上字第 2181 號判例），搶奪是指乘人不及抗拒（來不及反應），公然（此指在被害人當場知情的情況下）掠取他人財物，例如機車騎士尾隨婦女身後，乘其疏於防備，從身後掠取皮包，加速逃逸；又如客人到手機店假裝要買手機，店員將手機拿給他看時，趁店員來不及反應，拿著手機拔腿就跑。此種情形，由於行為人並未施以強暴、脅迫或恐嚇，侵害自由意志程度較低，所以法定刑略低於恐嚇取財罪，為 6 月以上、5 年以下有期徒刑。

　　刑法第 320 條規定：「意圖為自己或第三人不法之所有，而竊取他人之動產者，為竊盜罪」，由於其係在被害人不知情的情況下，竊取他人財產，並未施以強暴、脅迫或恐嚇，侵害自由意志程度最低，手段也最輕微，所以法定刑為最低的 5 年以下有期徒刑、拘役或 50 萬元以下罰金。

　　案例一的嫌犯在加油站拿出西瓜刀大喊搶劫，係當著加油站店員的面前，以脅迫之方法，至使其無法抗拒而取得財物，因此所犯的是強盜罪，依法得處 5 年以上有期徒刑。

　　案例二的張姓嫌犯要求被害人交出 500 萬元，否則就要公布他的不倫戀情並進行人身安全危害，由於張姓嫌犯以電話通知被害人，是在被害人知情的情況下，以較不具急迫性的將來惡害通知方法，使被害人心生恐懼，因此所犯的是恐嚇取財罪，依法得處 6 月以上 5 年以下有期徒刑，得併科 3 萬元以下罰金。

　　案例三的先生為了替太太安胎進補，於凌晨 4 點多進入雞舍偷雞，由於他是採取不讓被害人知情的方法偷雞，因此所犯的是竊盜罪，依法得處 5 年以下有期徒刑、拘役或 50 萬元以下罰金。

相關法條

1. 刑法第320條

意圖為自己或第三人不法之所有,而竊取他人之動產者,為竊盜罪,處五年以下有期徒刑、拘役或五十萬元以下罰金。

意圖為自己或第三人不法之利益,而竊佔他人之不動產者,依前項之規定處斷。

前二項之未遂犯罰之。

2. 刑法第321條

犯前條第一項、第二項之罪而有下列情形之一者,處六月以上五年以下有期徒刑,得併科五十萬元以下罰金:

一、侵入住宅或有人居住之建築物、船艦或隱匿其內而犯之。

二、毀越門窗、牆垣或其他安全設備而犯之。

三、攜帶兇器而犯之。

四、結夥三人以上而犯之。

五、乘火災、水災或其他災害之際而犯之。

六、在車站、港埠、航空站或其他供水、陸、空公眾運輸之舟、車、航空機內而犯之。

前項之未遂犯罰之。

3. 刑法第324條

於直系血親、配偶或同財共居親屬之間,犯本章之罪者,得免除其刑。

前項親屬或其他五親等內血親或三親等內姻親之間,犯本章之罪者,須告訴乃論。

4. 刑法第325條

意圖為自己或第三人不法之所有，而搶奪他人之動產者，處六月以上五年以下有期徒刑。

因而致人於死者，處無期徒刑或七年以上有期徒刑，致重傷者，處三年以上十年以下有期徒刑。

第一項之未遂犯罰之。

5. 刑法第326條

犯前條第一項之罪，而有第三百二十一條第一項各款情形之一者，處一年以上七年以下有期徒刑。

前項之未遂犯罰之。

6. 刑法第328條

意圖為自己或第三人不法之所有，以強暴、脅迫、藥劑、催眠術或他法，至使不能抗拒，而取他人之物或使其交付者，為強盜罪，處五年以上有期徒刑。

以前項方法得財產上不法之利益或使第三人得之者，亦同。

犯強盜罪因而致人於死者，處死刑、無期徒刑或十年以上有期徒刑；致重傷者，處無期徒刑或七年以上有期徒刑。

第一項及第二項之未遂犯罰之。

預備犯強盜罪者，處一年以下有期徒刑、拘役或九千元以下罰金。

7. 刑法第330條

犯強盜罪而有第三百二十一條第一項各款情形之一者，處七年以上有期徒刑。

前項之未遂犯罰之。

8. 刑法第346條

意圖為自己或第三人不法之所有，以恐嚇使人將本人或第三人之物交付者，處六月以上五年以下有期徒刑，得併科三萬元以下罰金。

以前項方法得財產上不法之利益或使第三人得之者，亦同。

前二項之未遂犯罰之。

5

刑事訴訟制度簡介

Unit 1
法院體系與審級制度

　　前面談了許多刑法上的規定，但是一般民眾如果真的遇到刑事糾紛，成為被告或被害人時，此時應該如何利用訴訟程序來保障自身權益呢？為了幫助讀者瞭解刑事訴訟制度及案件審理流程，我們先就司法體系進行簡單介紹。

　　我國政府於總統府之下設有五院，其中司法院是我國最高司法機關，主要的功能是掌管司法案件的審理，設置於行政院法務部之下的各級檢察署，則為檢察機關，主要的功能是偵查犯罪、起訴被告、執行刑罰。

　　司法院之下設有最高法院、高等法院和地方法院，掌管一般民事、刑事案件的審理。為了獲得最正確的判決結果，一般案件經檢察官提起公訴或自訴人提起自訴後，原則上必須經過「三級三審」（審級制度）才會確定。第一審原則上由地方法院（第一級法院）

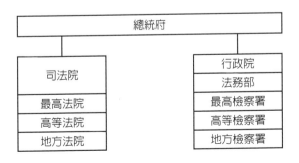

的三位法官進行合議審理，第二審原則上由高等法院（第二級法院）的三位法官進行合議審理，第三審為法律審，原則上由最高法院（第三級法院）的五位法官進行合議審理。

例外的情況，主要如下：

一、簡易程序案件（刑事訴訟法第 449 條）：

第一審由地方法院簡易庭的一位法官獨任審理，第二審由地方法院合議庭的三位法官合議審理。經過「一級二審」（指最終審由第一級法院─地方法院審理，共進行二個審理程序）後，簡易案件即告確定，不得上訴第三審。

二、內亂罪、外患罪、妨害國交罪之案件（法院組織法第 32 條第 1 款）：

第一審由高等法院的三位法官合議審理，第二審由最高法院的五位法官合議審理。經過「三級二審」（指最終審由第三級法院─最高法院審理，共進行二個審理程序）後，案件即告確定。

三、最重本刑 3 年以下有期徒刑及較輕微的財產犯罪（刑事訴訟法第 376 條第 1 項）：

第一審由地方法院審理，第二審由高等法院的三位法官合議審理。經過「二級二審」（指最終審由第二級法院──高等法院審理，共進行二個審理程序）後，案件即告確定，不得上訴第三審。

我國目前唯一一所最高法院，設置於臺北市。高等法院部分，於臺灣地區設有臺灣高等法院本院及臺中、臺南、高雄、花蓮等 4 所臺灣高等法院分院，於福建地區設有福建高等法院金門分院。地方法院部分，於臺灣地區設有臺北、士林、新北、桃園、新

竹、苗栗、臺中、南投、彰化、雲林、嘉義、臺南、高雄、橋頭、屏東、臺東、花蓮、宜蘭、基隆、澎湖地方法院及高雄少年及家事法院等 21 所地方法院，於福建地區則設有金門、連江 2 所地方法院。

　　全國目前計有最高法院 1 所，高等法院及其分院 6 所，地方法院（包含少年法院）23 所，合計 30 所（未將審理行政訴訟的最高行政法院、臺北高等行政法院、臺中高等行政法院、高雄高等行政法院及審理智慧財產相關案件的智慧財產及商業法院等 5 所法院計入）。關於各法院的層級、隸屬關係、管轄區域等，可參照下表（引自司法院網站）。

各級法院管轄區域一覽表（不含行政法院、智慧財產及商業法院）

最高法院	臺灣高等法院	臺灣臺北地方法院	（臺北市） 中正區 松山區 信義區 文山區 大安區 萬華區 中山區 （新北市） 新店區 烏來區 深坑區 石碇區 坪林區
		臺灣士林地方法院	（臺北市） 士林區 北投區 大同區 內湖區 南港區 （新北市） 汐止區 淡水區 八里區 三芝區 石門區

		臺灣新北地方法院	（新北市） 土城區 板橋區 三重區 永和區 中和區 新莊區 蘆洲區 三峽區 樹林區 鶯歌區 泰山區 五股區 林口區
		臺灣桃園地方法院	桃園市
		臺灣新竹地方法院	新竹市 新竹縣
		臺灣宜蘭地方法院	宜蘭縣
		臺灣基隆地方法院	基隆市 （新北市） 瑞芳區 貢寮區 雙溪區 平溪區 金山區 萬里區
	臺灣高等法院花蓮分院	臺灣花蓮地方法院	花蓮縣
		臺灣臺東地方法院	臺東縣
	臺灣高等法院臺中分院	臺灣臺中地方法院	臺中市
		臺灣苗栗地方法院	苗栗縣
		臺灣南投地方法院	南投縣
		臺灣彰化地方法院	彰化縣
	臺灣高等法院臺南分院	臺灣雲林地方法院	雲林縣

		臺灣嘉義地方法院	嘉義市 嘉義縣
		臺灣臺南地方法院	臺南市
臺灣高等法院高雄分院	臺灣高雄地方法院	（高雄市） 小港區 旗津區 前鎮區 苓雅區 新興區 前金區 三民區 鼓山區 鹽埕區 鳳山區 大寮區 林園區 太平島 東沙島
	臺灣橋頭地方法院	（高雄市） 楠梓區 左營區 大樹區 大社區 仁武區 鳥松區 岡山區 橋頭區 燕巢區 田寮區 阿蓮區 路竹區 湖內區 茄萣區 永安區 彌陀區 梓官區 旗山區 美濃區 六龜區 甲仙區 杉林區 內門區 茂林區 桃源區 那瑪夏區
	臺灣高雄少年及家事法院	高雄市 太平島 東沙島
	臺灣屏東地方法院	屏東縣
	臺灣澎湖地方法院	澎湖縣
福建高等法院金門分院	臺灣金門地方法院	金門縣
	臺灣連江地方法院	連江縣

相關法條

1. 刑事訴訟法第376條

下列各罪之案件，經第二審判決者，不得上訴於第三審法院。但第一審法院所為無罪、免訴、不受理或管轄錯誤之判決，經第二審法院撤銷並諭知有罪之判決者，被告或得為被告利益上訴之人得提起上訴：

一、最重本刑為三年以下有期徒刑、拘役或專科罰金之罪。

二、刑法第三百二十條、第三百二十一條之竊盜罪。

三、刑法第三百三十五條、第三百三十六條第二項之侵占罪。

四、刑法第三百三十九條、第三百四十一條之詐欺罪。

五、刑法第三百四十二條之背信罪。

六、刑法第三百四十六條之恐嚇罪。

七、刑法第三百四十九條第一項之贓物罪。

依前項但書規定上訴，經第三審法院撤銷並發回原審法院判決者，不得上訴於第三審法院。

2. 刑事訴訟法第449條

第一審法院依被告在偵查中之自白或其他現存之證據，已足認定其犯罪者，得因檢察官之聲請，不經通常審判程序，逕以簡易判決處刑。但有必要時，應於處刑前訊問被告。

前項案件檢察官依通常程序起訴，經被告自白犯罪，法院認為宜以簡易判決處刑者，得不經通常審判程序，逕以簡易判決處刑。

依前二項規定所科之刑以宣告緩刑、得易科罰金或得易服社會

勞動之有期徒刑及拘役或罰金爲限。

3. 法院組織法第32條

高等法院管轄事件如下：

一、關於內亂、外患及妨害國交之刑事第一審訴訟案件。

二、不服地方法院及其分院第一審判決而上訴之民事、刑事訴訟案件。但法律另有規定者，從其規定。

三、不服地方法院及其分院裁定而抗告之案件。但法律另有規定者，從其規定。

四、其他法律規定之訴訟案件。

刑事訴訟流程

假設陳先生因為車禍糾紛，被林先生毆打成傷，經過驗傷之後，陳先生打算控告林先生刑法第 277 條第 1 項的普通傷害罪，這時候陳先生應該怎麼做呢？

刑事訴訟程序，依擔任原告者的身分不同，可分為公訴程序及自訴程序。公訴程序，是由被害人先向地方檢察署提出告訴，檢察官於偵查犯罪之後，如認犯罪嫌疑人具有足夠嫌疑，則會擔任原告，向法院提起訴訟。此時由於案件的原告為檢察官，所以稱為公訴程序。

自訴程序，是由被害人自行擔任原告，直接向法院提起訴訟。由於案件的原告是被害人，所以稱為自訴程序。自訴可省去偵查程序所耗費的時間，較具時效性，惟若被害人濫行起訴，恐有浪費司法資源之虞。為茲節制，刑事訴訟法第 319 條規定，自訴之提起，必須委任律師行之。

反之，如果被害人是向地檢署提出告訴，由檢察官擔任原告提起公訴，雖較不具時效性，但無須聘請律師，可節省律師費用。

一般刑事案件如果時間不緊迫，筆者建議儘量採取公訴程序。理由在於，雖然公訴程序需要耗費較長時間，才能進入法院審理階段，但是由於檢察官依法可透過搜索、扣押、拘提、通緝、羈押等手段進行偵查，在證據掌握上較具優勢，且當事人又可省下律

師費用，因此公訴程序可說是一個較適合社會大眾選擇的程序。

公訴程序中，除了被害人可以自行提出告訴外，其法定代理人（如父母）或配偶亦得獨立提出告訴（刑事訴訟法第 232 條、第 233 條）。但是必須注意的是，告訴乃論之罪，有權提出告訴的人，必須自知悉犯人是誰之時起 6 個月內，向檢察官或司法警察官提出告訴，否則檢察官會以已逾告訴期間為由，作出不起訴處分（刑事訴訟法第 237 條、第 252 條）。

檢察官於進行偵查程序至一段落後，如果認為犯罪嫌疑人之犯罪嫌疑不足，應作成不起訴處分（刑事訴訟法第 252 條），而若認為犯罪嫌疑足夠時，對於情節輕微案件，得作成緩起訴處分（刑事訴訟法第 253 條之 1 至第 253 條之 3）或不起訴處分（刑事訴訟法第 253 條、第 254 條），對於情節不屬輕微之案件，則應向法院提起公訴（刑事訴訟法第 251 條）。

一般刑事案件，於檢察官提起公訴後，原則上是由地方法院的三名法官共同擔任第一審審判工作（合議庭審理）。但在開合議庭審理之前，如有必要，法院會指定其中一位法官進行該案件之準備程序，要求雙方當事人先就法律上、事實上及證據上之爭點進行整理（刑事訴訟法第 273 條）。

除被告於準備程序進行中，先就被訴事實為有罪之陳述，並

公訴程序與自訴程序

訴訟程序	是否須向地檢署提出告訴	是否須經過地檢署偵查程序	由誰擔任原告提起訴訟	是否一定須聘請律師
公訴程序	是	是	檢察官	否
自訴程序	否	否	被害人	是

經法官裁定進行簡式審判程序外（刑事訴訟法第273條之1），否則多數案件於準備程序結束後，法院會指定一個期日進行通常程序的合議庭審理程序。審理程序原則上包括：朗讀案由（刑事訴訟法第285條）、人別訊問（刑事訴訟法第94條）、檢察官陳述起訴要旨（刑事訴訟法第286條）、法院履行告知義務（刑事訴訟法第95條、第287條）、調查證據（刑事訴訟法第288條）、調查被告前科資料（刑事訴訟法第288條）、言詞辯論（刑事訴訟法第289條）、被告最後陳述（刑事訴訟法第290條）、諭知判決（刑事訴訟法第299條至第304條）等幾個步驟，這些將在下一單元進行說明。

　　審理程序結束後，法院會作出判決，判決依其內容不同，可分成科刑判決、免刑判決、無罪判決、免訴判決、不受理判決、管轄錯誤判決等類型，當事人如果對於判決內容不服，應於收到判決書後20日內提起上訴，否則判決即行確定。

　　一般刑事案件，經過地方法院的第一審判決後，如有不服，可以上訴至高等法院進行第二審審理，於收到第二審判決之後，如果還是不服，可以再上訴至最高法院進行第三審審理。只是案件若要上訴至第三審，必須具備二項要件：

一、必須以判決違背法令爲由而提起上訴：

　　所謂判決違背法令，是指判決不適用法則或適用法則不當而言，關於此，可參照刑事訴訟法第378條、第379條。

二、必須該罪名不屬於刑事訴訟法第376條第1項列舉的輕微犯罪：

　　刑事訴訟法第376條第1項列舉的輕微案件，包括最重本刑爲3年以下有期徒刑、拘役或專科罰金之案件，及其他情節較輕微的財產犯罪，如竊盜罪、侵占罪、詐欺罪、背信罪、恐嚇

罪、贓物罪等。

　　案件上訴至第三審後，最高法院會就原審判決是否違背法令之部分進行審理，該審理性質上為法律審，意即原則上不涉及事實之認定，此與第一審、第二審性質上為事實審有所不同。待第三審法院作出判決後，除了發回更審或發交更審之案件外，該案件即告確定，原則上交由判決法院之檢察官指揮執行刑罰。

　　除了前述通常程序外，刑事訴訟法第 449 條規定，第一審法院依被告在偵查中之自白或其他現存之證據，已足認定其犯罪者，可以不經通常程序，直接透過「簡易程序」對被告判處緩刑、得易科罰金或得易服社會勞動之有期徒刑及拘役或罰金等輕微刑罰。此外，簡易程序中還可命被告向被害人道歉或支付一定數額之賠償金，作為被告對被害人的補償。另為求迅速審結，當事人如對地方法院簡易庭的簡易判決有所不服，僅得上訴至地方法院合議庭進行第二審審理，第二審判決之後，即不得再行上訴（簡易程序係「一級二審」）。

　　案例中陳先生欲對林先生提出刑法第 277 條第 1 項的普通傷害罪告訴，因該罪之法定刑為 5 年以下有期徒刑、拘役或 50 萬元以下罰金，不屬於刑事訴訟法第 376 條第 1 項規定不得上訴第三審之案件，因此該案件經第二審法院（高等法院）判決後得再上訴至第三審，待第三審法院（最高法院）判決後，全案始告確定。

刑事訴訟流程圖

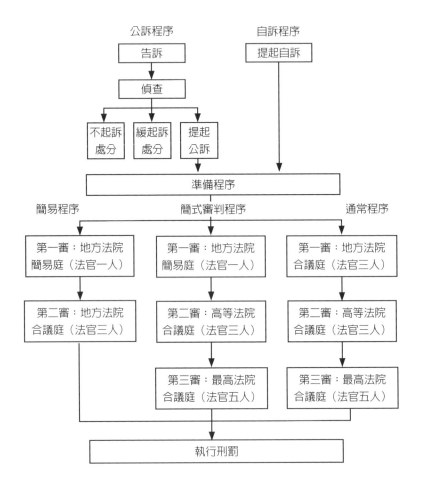

相關法條

1. 刑事訴訟法第228條

檢察官因告訴、告發、自首或其他情事知有犯罪嫌疑者,應即開始偵查。

(第2項略)

實施偵查非有必要,不得先行傳訊被告。

(以下略)

2. 刑事訴訟法第232條

犯罪之被害人,得為告訴。

3. 刑事訴訟法第233條

被害人之法定代理人或配偶,得獨立告訴。

被害人已死亡者,得由其配偶、直系血親、三親等內之旁系血親、二親等內之姻親或家長、家屬告訴。但告訴乃論之罪,不得與被害人明示之意思相反。

4. 刑事訴訟法第237條

告訴乃論之罪,其告訴應自得為告訴之人知悉犯人之時起,於六個月內為之。

得為告訴人之有數人,其一人遲誤期間者,其效力不及於他人。

5. 刑事訴訟法第240條

不問何人知有犯罪嫌疑者,得為告發。

6. 刑事訴訟法第242條第1項

告訴、告發，應以書狀或言詞向檢察官或司法警察官爲之；其
以言詞爲之者，應制作筆錄。爲便利言詞告訴、告發，得設置
申告鈴。

7. 刑事訴訟法第251條

檢察官依偵查所得之證據，足認被告有犯罪嫌疑者，應提起公
訴。

被告之所在不明者，亦應提起公訴。

8. 刑事訴訟法第252條

案件有左列情形之一者，應爲不起訴之處分：

一、曾經判決確定者。

二、時效已完成者。

三、曾經大赦者。

四、犯罪後之法律已廢止其刑罰者。

五、告訴或請求乃論之罪，其告訴或請求已經撤回或已逾告訴
　　期間者。

六、被告死亡者。

七、法院對於被告無審判權者。

八、行爲不罰者。

九、法律應免除其刑者。

十、犯罪嫌疑不足者。

9. 刑事訴訟法第253條

第三百七十六條第一項各款所規定之案件，檢察官參酌刑法第

五十七條所列事項，認為以不起訴為適當者，得為不起訴之處分。

10. 刑事訴訟法第253條之1第1項

被告所犯為死刑、無期徒刑或最輕本刑三年以上有期徒刑以外之罪，檢察官參酌刑法第五十七條所列事項及公共利益之維護，認以緩起訴為適當者，得定一年以上三年以下之緩起訴期間為緩起訴處分，其期間自緩起訴處分確定之日起算。

11. 刑事訴訟法第253條之2

檢察官為緩起訴處分者，得命被告於一定期間內遵守或履行下列各款事項：

一、向被害人道歉。

二、立悔過書。

三、向被害人支付相當數額之財產或非財產上之損害賠償。

四、向公庫支付一定金額，並得由該管檢察署依規定提撥一定比率補助相關公益團體或地方自治團體。

五、向該管檢察署指定之政府機關、政府機構、行政法人、社區或其他符合公益目的之機構或團體提供四十小時以上二百四十小時以下之義務勞務。

六、完成戒癮治療、精神治療、心理輔導或其他適當之處遇措施。

七、保護被害人安全之必要命令。

八、預防再犯所為之必要命令。

檢察官命被告遵守或履行前項第三款至第六款之事項，應得被告之同意；第三款、第四款並得為民事強制執行名義。

第一項情形，應附記於緩起訴處分書內。

第一項之期間，不得逾緩起訴期間。

第一項第四款提撥比率、收支運用及監督管理辦法，由行政院會同司法院另定之。

12. 刑事訴訟法第253條之3第1項

被告於緩起訴期間內，有左列情形之一者，檢察官得依職權或依告訴人之聲請撤銷原處分，繼續偵查或起訴：

一、於期間內故意更犯有期徒刑以上刑之罪，經檢察官提起公訴者。

二、緩起訴前，因故意犯他罪，而在緩起訴期間內受有期徒刑以上刑之宣告者。

三、違背第二百五十三條之二第一項各款之應遵守或履行事項者。

13. 刑事訴訟法第254條

被告犯數罪時，其一罪已受重刑之確定判決，檢察官認為他罪雖行起訴，於應執行之刑無重大關係者，得為不起訴之處分。

14. 刑事訴訟法第273條第1項

法院得於第一次審判期日前，傳喚被告或其代理人，並通知檢察官、辯護人、輔佐人到庭，行準備程序，為下列各款事項之處理：

一、起訴效力所及之範圍與有無應變更檢察官所引應適用法條之情形。

二、訊問被告、代理人及辯護人對檢察官起訴事實是否為認罪

之答辯，及決定可否適用簡式審判程序或簡易程序。

三、案件及證據之重要爭點。

四、有關證據能力之意見。

五、曉諭為證據調查之聲請。

六、證據調查之範圍、次序及方法。

七、命提出證物或可為證據之文書。

八、其他與審判有關之事項。

15. 刑事訴訟法第273條之1

除被告所犯為死刑、無期徒刑、最輕本刑為三年以上有期徒刑之罪或高等法院管轄第一審案件者外，於前條第一項程序進行中，被告先就被訴事實為有罪之陳述時，審判長得告知被告簡式審判程序之旨，並聽取當事人、代理人、辯護人及輔佐人之意見後，裁定進行簡式審判程序。

法院為前項裁定後，認有不得或不宜者，應撤銷原裁定，依通常程序審判之。

前項情形，應更新審判程序。但當事人無異議者，不在此限。

16. 刑事訴訟法第273條之2

簡式審判程序之證據調查，不受第一百五十九條第一項、第一百六十一條之二、第一百六十一條之三、第一百六十三條之一及第一百六十四條至第一百七十條規定之限制。

17. 刑事訴訟法第284條之1

除簡式審判程序、簡易程序及第三百七十六條第一項第一款、第二款所列之罪之案件外，第一審應行合議審判。

18. 刑事訴訟法第319條

犯罪之被害人得提起自訴。但無行為能力或限制行為能力或死亡者，得由其法定代理人、直系血親或配偶為之。

前項自訴之提起，應委任律師行之。

犯罪事實之一部提起自訴者，他部雖不得自訴亦以得提起自訴論。但不得提起自訴部分係較重之罪，或其第一審屬於高等法院管轄，或第三百二十一條之情形者，不在此限。

19. 刑事訴訟法第349條

上訴期間為二十日，自送達判決後起算。但判決宣示後送達前之上訴，亦有效力。

20. 刑事訴訟法第376條

下列各罪之案件，經第二審判決者，不得上訴於第三審法院。但第一審法院所為無罪、免訴、不受理或管轄錯誤之判決，經第二審法院撤銷並諭知有罪之判決者，被告或得為被告利益上訴之人得提起上訴：

一、最重本刑為三年以下有期徒刑、拘役或專科罰金之罪。

二、刑法第三百二十條、第三百二十一條之竊盜罪。

三、刑法第三百三十五條、第三百三十六條第二項之侵占罪。

四、刑法第三百三十九條、第三百四十一條之詐欺罪。

五、刑法第三百四十二條之背信罪。

六、刑法第三百四十六條之恐嚇罪。

七、刑法第三百四十九條第一項之贓物罪。

依前項但書規定上訴，經第三審法院撤銷並發回原審法院判決者，不得上訴於第三審法院。

21. 刑事訴訟法第377條

上訴於第三審法院，非以判決違背法令爲理由，不得爲之。

22. 刑事訴訟法第449條

第一審法院依被告在偵查中之自白或其他現存之證據，已足認定其犯罪者，得因檢察官之聲請，不經通常審判程序，逕以簡易判決處刑。但有必要時，應於處刑前訊問被告。

前項案件檢察官依通常程序起訴，經被告自白犯罪，法院認爲宜以簡易判決處刑者，得不經通常審判程序，逕以簡易判決處刑。

依前二項規定所科之刑以宣告緩刑、得易科罰金或得易服社會勞動之有期徒刑及拘役或罰金爲限。

23. 刑事訴訟法第451條之1

前條第一項之案件，被告於偵查中自白者，得向檢察官表示願受科刑之範圍或願意接受緩刑之宣告，檢察官同意者，應記明筆錄，並即以被告之表示爲基礎，向法院求刑或爲緩刑宣告之請求。

檢察官爲前項之求刑或請求前，得徵詢被害人之意見，並斟酌情形，經被害人同意，命被告爲左列各款事項：

一、向被害人道歉。

二、向被害人支付相當數額之賠償金。

被告自白犯罪未爲第一項之表示者，在審判中得向法院爲之，檢察官亦得依被告之表示向法院求刑或請求爲緩刑之宣告（下略）。

24. 刑事訴訟法第455條之1第1項

對於簡易判決有不服者,得上訴於管轄之第二審地方法院合議
庭。

25. 刑事訴訟法第455條之2

除所犯為死刑、無期徒刑、最輕本刑三年以上有期徒刑之罪或
高等法院管轄第一審案件者外,案件經檢察官提起公訴或聲請
簡易判決處刑,於第一審言詞辯論終結前或簡易判決處刑前,
檢察官得於徵詢被害人之意見後,逕行或依被告或其代理人、
辯護人之請求,經法院同意,就下列事項於審判外進行協商,
經當事人雙方合意且被告認罪者,由檢察官聲請法院改依協商
程序而為判決:

一、被告願受科刑及沒收之範圍或願意接受緩刑之宣告。

二、被告向被害人道歉。

三、被告支付相當數額之賠償金。

四、被告向公庫支付一定金額,並得由該管檢察署依規定提撥
　　一定比率補助相關公益團體或地方自治團體。

檢察官就前項第二款、第三款事項與被告協商,應得被害人之
同意。

第一項之協商期間不得逾三十日。

第一項第四款提撥比率、收支運用及監督管理辦法,由行政院
會同司法院另定之。

26. 刑事訴訟法第455條之4

有下列情形之一者,法院不得為協商判決:

一、有前條第二項之撤銷合意或撤回協商聲請者。

二、被告協商之意思非出於自由意志者。

三、協商之合意顯有不當或顯失公平者。

四、被告所犯之罪非第四百五十五條之二第一項所定得以聲請
　　協商判決者。

五、法院認定之事實顯與協商合意之事實不符者。

六、被告有其他較重之裁判上一罪之犯罪事實者。

七、法院認應諭知免刑或免訴、不受理者。

除有前項所定情形之一者外，法院應不經言詞辯論，於協商合
意範圍內為判決。法院為協商判決所科之刑，以宣告緩刑、二
年以下有期徒刑、拘役或罰金為限。

當事人如有第四百五十五條之二第一項第二款至第四款之合
意，法院應記載於筆錄或判決書內。

法院依協商範圍為判決時，第四百五十五條之二第一項第三
款、第四款並得為民事強制執行名義。

27. 刑事訴訟法第455條之10

依本編所為之科刑判決，不得上訴。但有第四百五十五條之四
第一項第一款、第二款、第四款、第六款、第七款所定情形之
一，或協商判決違反同條第二項之規定者，不在此限。

對於前項但書之上訴，第二審法院之調查以上訴理由所指摘之
事項為限。

第二審法院認為上訴有理由者，應將原審判決撤銷，將案件發
回第一審法院依判決前之程序更為審判。

28. 刑事訴訟法第457條

執行裁判由為裁判法院對應之檢察署檢察官指揮之。但其性質

應由法院或審判長、受命法官、受託法官指揮，或有特別規定者，不在此限。

因駁回上訴抗告之裁判，或因撤回上訴、抗告而應執行下級法院之裁判者，由上級法院對應之檢察署檢察官指揮之。

前二項情形，其卷宗在下級法院者，由下級法院對應之檢察署檢察官指揮執行。

Unit 3 刑事模擬法庭

　　上一單元提到，法院開庭時的審理程序，大致上包括了朗讀案由（刑事訴訟法第 285 條）、人別訊問（刑事訴訟法第 94 條）、檢察官陳述起訴要旨（刑事訴訟法第 286 條）、法院履行告知義務（刑事訴訟法第 95 條、第 287 條）、調查證據（刑事訴訟法第 288 條）、調查被告前科資料（刑事訴訟法第 288 條）、言詞辯論（刑事訴訟法第 289 條）、被告最後陳述（刑事訴訟法第 290 條）、諭知判決（刑事訴訟法第 299 條至第 304 條）等幾個步驟，為了讓大家瞭解其具體內涵，本單元將以刑事模擬法庭短劇進行說明。但在進入模擬法庭之前，還是要先就法庭人員及法庭席位設置作一簡單介紹（法庭席位布置規則附圖二）。

　　法庭人員主要有審判長、法官、書記官、檢察官、律師、公設辯護人、通譯、法警、庭務員等等。**審判長（①）**，是指負責指揮訴訟程序進行的法官，通常為共同參與合議庭審判的三位法官中最資深或年紀最長的一位，審判長與**其他二位法官**（②、③；**第一審、第二審時**）或四位法官（②、③、④、⑤；**第三審時**）於開庭時穿著黑色鑲藍領邊的法袍，一起坐在審判臺上的法官席進行審理。

　　書記官（⑥），是指擔任訴訟程序記錄工作的公務員，現在法庭筆錄已全面電腦化，所以開庭時會看到書記官以每分鐘上百字的

刑 事 法 庭 布 置 圖

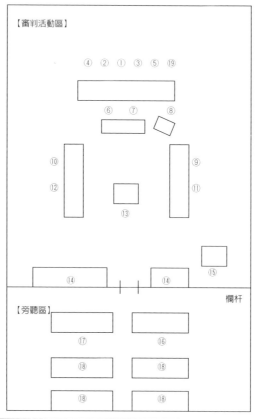

說明：（編號在框內者，僅置座椅，但必要時得於審判活動區內席位置桌）
①審判長席
②法官席
③法官席
④法官席
⑤法官席
⑥書記官席
⑦通譯、錄音、卷證傳遞席
⑧技術審查官席
⑨檢察官席（自訴代理人席）
⑩辯護人席
⑪自訴人席（附帶民事訴訟原告及代理人席）
⑫被告及輔佐人席
　　　（附帶民事訴訟被告及代理人席）
⑬應訊台（供當事人以外之人應訊用）
⑭證人、鑑定人席
⑮被害人、告訴人及代理人席
　　（陪同人、訴訟參與人及代理人席）
⑯學習法官（檢察官）席
⑰學習律師、記者席
⑱旁聽席
⑲調辦事法官席

附註：如現行被害人席位不適於布置遮蔽設備，審判長或法官得指定法庭內適當位置為被害人席位並布置遮蔽設備（如編號⑧或其他適當位置）。

打字速度輸入言詞辯論及訴訟程序之內容，再透過電腦螢幕呈現在法官、檢察官、辯護人、被告、證人面前，開庭時書記官穿著黑色鑲黑領邊的法袍，坐在三位（或五位）法官前面的書記官席。

　　檢察官（⑨）係公訴程序的原告（自訴程序的原告為被害人），代表國家追訴被告犯罪，隸屬於行政院法務部各級檢察署，與法官之隸屬於司法院下之各級法院不同，檢察官開庭時穿著黑色鑲紫領邊的法袍，坐在審判臺右下方的檢察官席（由法官的角度看則為左前方）。

　　辯護人（⑩），係為被告辯護的專業人員，原則上須通過律師高等考試並受訓後才可取得正式律師資格，開庭時穿著黑色鑲白領邊的法袍，坐在審判臺左下方的辯護人席（由法官的角度看則為右前方）。

　　公設辯護人（⑩），係國家設立專為特殊刑事案件被告辯護的公務員（刑事訴訟法第 31 條），開庭時穿著黑色鑲綠領邊的法袍，坐在審判臺左下方的辯護人席（由法官的角度看則為右前方）。

　　此外，開庭時還會看到通譯、庭務員、法警等人員。**通譯**（⑦）是在訴訟程序中擔任翻譯並協助錄音的人員，坐在審判臺之下，開庭時並負責遞送卷證、結文於法官、當事人之間。庭務員係坐在法庭門口負責辦理被告、證人報到工作的公務員。法警則是負責維持法庭秩序的公務員。

　　最後，**刑事案件被告**於開庭時是坐在圖中⑫的位置，讓被告「就座」應訊，是法院尊重人權的具體表現。

　　以下將以一則殺人案件為例，透過模擬法庭的方式，讓大家對開庭過程有概括瞭解：

模擬法庭：王先生遭謀殺案

第一幕：三位法官蒞庭

　　庭務員：起立。

　　（法庭人員均起立）

　　（庭務員向審判長敬禮）

　　（審判長回禮，三位法官就座）

　　（庭務員向後轉）

　　庭務員：請坐。

　　（法庭人員均就座）

朗讀案由（刑事訴訟法第285條）

　　審判長：請書記官朗讀案由。

　　書記官：本院 110 年度重訴字第 100 號殺人案件，於 110 年 12 月 21 日下午 4 時，在第一法庭開始審理。

人別訊問（參照刑事訴訟法第94條）

　　審判長：你是被告○○○？

　　被告：是的。

　　審判長：你的出生年月日、住址及身分證字號為何？

　　被告：我是○○年○○月○○日出生，住○○市○○路○○號○○樓，身分證字號是 A ○○○○○○○○○。

陳述起訴要旨（刑事訴訟法第286條）

　　審判長：請檢察官陳述起訴要旨。

　　檢察官：庭上，被告○○○於 110 年 7 月 30 日晚間 11 點於

○○ KTV 附設地下停車場，基於殺人犯意殺害王先
生，係犯刑法第 271 條殺人罪，請庭上依法審理。

踐行告知義務（刑事訴訟法第95條、第287條）

審判長：一、被告○○○先生，你涉嫌觸犯刑法第 271 條殺人
　　　　　　　罪嫌。
　　　　二、你可以保持緘默、不回答問題，無須違背自己的
　　　　　　　意思而為陳述或回答問題。
　　　　三、你可以選任辯護人為你辯護。如果你符合低收入
　　　　　　　戶、中低收入戶、原住民等身分，得請求法律
　　　　　　　扶助，選任免費的辯護人。
　　　　四、你可以請求調查有利於自己的證據。

被告：我知道了，我沒有犯罪，我已經委任○○○律師當我的
　　　辯護人。

調查證據（刑事訴訟法第288條）

檢察官：請審判長提示證物 1，就是自被告家中起出之兇刀一
　　　　把，以及證物 2，即該兇刀上之指紋及血跡 DNA 鑑
　　　　識報告。
（審判長將證物1及2拿給通譯，通譯再拿給被告）
（被告查看證物1及證物2）
審判長：該鑑識報告大旨是說，該兇刀刀把部分有被告指紋，
　　　　刀刃部分之血跡 DNA 鑑定與被害人王先生相符。
辯護人：庭上，請讓我查看證物 1 及證物 2。
審判長：好。

（被告將證物1及2拿給辯護人）

交互詰問（刑事訴訟法第166條，交互詰問是調查人證之方法）

辯護人：請求傳喚證人○○○。

審判長：好，證人○○○先生請到前面來。

（證人○○○起立，走到應訊臺，站立）

審判長：你是證人○○○先生嗎？

證人：是的。

審判長：你的出生年月日、住址及身分證字號為何？

證人：我是○○年○○月○○日出生，住○○市○○路○○號○○樓，身分證字號是A○○○○○○○○○。

審判長：你與被告有沒有親屬關係？

證人：沒有。

審判長：請坐，謝謝你出庭作證。不過出庭作證必須要說實話，否則會觸犯偽證罪，最高可處七年有期徒刑，現在請你簽名具結，保證你所說的是實話。

證人：法官，我知道了，我一定會說實話。

（通譯將結文拿給證人）

（證人閱覽結文，並簽名具結）

（通譯取回結文，並送交審判長）

（證人就座）

審判長：請辯護人進行主詰問。

辯護人：證人○○○先生，你在110年7月30日晚間11點左右，有沒有看到什麼異常的事物？

證人：當天我在我們 KTV 附設地下停車場從晚上 9 點值班
　　　到隔日清晨 6 點，並無看到任何異狀，也沒看到被告
　　　○○○出現在現場。

辯護人：你確定你沒有看過被告○○○嗎？

證人：是的，我確定。

辯護人：庭上，我問完了，謝謝。

審判長：請檢察官進行反詰問。

檢察官：依據 7 月 30 日當晚打卡紀錄及打卡機旁的監視錄影
　　　　帶拍攝畫面，證人○○○是在當晚 12 點打卡上班。
　　　　請問證人，案發當時，也就是當天晚上 11 點，你是
　　　　否真的在現場？能否提出你的在場證明？

證人：雖然實際打卡上班時間是 12 點，但是我在晚上 9 點就
　　　開始上班了，只是忘了打卡而已，我不會說謊的。

檢察官：你說你實際上班時間是晚上 9 點，那麼在 9 點以後，
　　　　你有沒有離開過停車場？

證人：嗯，（遲疑狀），中間我好像有去上廁所，因為吃壞東
　　　西拉肚子，大約有 20 多分鐘不在現場。

檢察官：庭上，我問完了，謝謝。

審判長：還有沒有其他證據需要調查？

檢察官：庭上，沒有了。

辯護人：庭上，沒有了。

被告：法官，我也沒有了。

審判長：被告有沒有前科紀錄？

被告：法官，我沒有前科。

言詞辯論（刑事訴訟法第289條）

審判長：現在證據調查完畢，開始辯論，請檢察官開始論告。

檢察官：庭上，本案辯方所提證人○○○，案發當晚曾離開現場20多分鐘，並未全程在場，可能因此沒有看到被告行兇之行為。另依兇刀（證物1）及其指紋、血跡鑑定報告（證物2）所載，該兇刀刀把部分有被告指紋，刀刃部分有被害人血跡，且刀刃形狀又與被害人傷口相符，故本案被告犯罪事證明確，請庭上依法判決。

審判長：被告○○○先生有何辯解？

（被告情緒失控地大哭）

被告：我承認王先生是我殺的沒錯，但是他強占我家土地、房屋，害我父母自殺身亡，還利用權勢掩飾罪行，難道就不該殺嗎？

（被告繼續哭泣）

審判長：被告○○○先生請控制自己的情緒，請辯護人為被告○○○辯護。

辯護人：證據雖指向被告犯此殺人罪行，然其行兇動機值得憫恕，請庭上能夠依刑法第59條減輕其刑。

最後陳述權（刑事訴訟法第290條）

審判長：被告○○○先生，本案就將要審理結束，你最後還有沒有什麼意見要說？

被告：王先生惡行惡狀，司法沒有為我伸張正義，我殺他是替天行道，我沒有錯。

審判長：本案辯論終結，定於 110 年 12 月 28 日下午 4 時於本
　　　　法庭宣判，退庭。

庭務員：起立。

（法庭人員均起立）

（庭務員向審判長敬禮）

（審判長回禮，三位法官離席）

第二幕：12月28日下午4時，三位法官蒞庭

庭務員：起立。

（法庭人員均起立）

（庭務員向審判長敬禮）

（審判長回禮，三位法官就座）

（庭務員向後轉）

庭務員：請坐。

（法庭人員均就座）

（三位法官起立）

庭務員：起立。

（法庭人員均起立）

審判長：本院 110 年度第 100 號殺人案件，判決如下：
　　　　被告○○○犯殺人罪，處有期徒刑 10 年。
　　　　若不服本判決，得於收受判決書後 20 日內向臺灣高
　　　　等法院提起上訴。退庭。

（庭務員向審判長敬禮）

（審判長回禮，三位法官離席）

相關法條

1. 刑法第59條

犯罪之情狀顯可憫恕，認科以最低度刑仍嫌過重者，得酌量減輕其刑。

2. 刑事訴訟法第31條

有下列情形之一，於審判中未經選任辯護人者，審判長應指定公設辯護人或律師為被告辯護：

一、最輕本刑為三年以上有期徒刑案件。

二、高等法院管轄第一審案件。

三、被告因精神障礙或其他心智缺陷無法為完全之陳述者。

四、被告具原住民身分，經依通常程序起訴或審判者。

五、被告為低收入戶或中低收入戶而聲請指定者。

六、其他審判案件，審判長認有必要者。

前項案件選任辯護人於審判期日無正當理由而不到庭者，審判長得指定公設辯護人或律師。

被告有數人者，得指定一人辯護。但各被告之利害相反者，不在此限。

指定辯護人後，經選任律師為辯護人者，得將指定之辯護人撤銷。

被告或犯罪嫌疑人因精神障礙或其他心智缺陷無法為完全之陳述或具原住民身分者，於偵查中未經選任辯護人，檢察官、司法警察官或司法警察應通知依法設立之法律扶助機構指派律師到場為其辯護。但經被告或犯罪嫌疑人主動請求立即訊問或詢

問，或等候律師逾四小時未到場者，得逕行訊問或詢問。

3. 刑事訴訟法第94條

訊問被告，應先詢其姓名、年齡、籍貫、職業、住、居所，以查驗其人有無錯誤，如係錯誤，應即釋放。

4. 刑事訴訟法第95條

訊問被告應先告知下列事項：

一、犯罪嫌疑及所犯所有罪名。罪名經告知後，認為應變更者，應再告知。

二、得保持緘默，無須違背自己之意思而為陳述。

三、得選任辯護人。如為低收入戶、中低收入戶、原住民或其他依法令得請求法律扶助者，得請求之。

四、得請求調查有利之證據。

無辯護人之被告表示已選任辯護人時，應即停止訊問。但被告同意續行訊問者，不在此限。

5. 刑事訴訟法第166條

當事人、代理人、辯護人及輔佐人聲請傳喚之證人、鑑定人，於審判長為人別訊問後，由當事人、代理人或辯護人直接詰問之。被告如無辯護人，而不欲行詰問時，審判長仍應予詢問證人、鑑定人之適當機會。

前項證人或鑑定人之詰問，依下列次序：

一、先由聲請傳喚之當事人、代理人或辯護人為主詰問。

二、次由他造之當事人、代理人或辯護人為反詰問。

三、再由聲請傳喚之當事人、代理人或辯護人為覆主詰問。

四、再次由他造當事人、代理人或辯護人為覆反詰問。

前項詰問完畢後，當事人、代理人或辯護人，經審判長之許可，得更行詰問。

證人、鑑定人經當事人、代理人或辯護人詰問完畢後，審判長得為訊問。

同一被告、自訴人有二以上代理人、辯護人時，該被告、自訴人之代理人、辯護人對同一證人、鑑定人之詰問，應推由其中一人代表為之。但經審判長許可者，不在此限。

兩造同時聲請傳喚之證人、鑑定人，其主詰問次序由兩造合意決定，如不能決定時，由審判長定之。

6. 刑事訴訟法第285條

審判期日，以朗讀案由為始。

7. 刑事訴訟法第286條

審判長依第九十四條訊問被告後，檢察官應陳述起訴之要旨。

8. 刑事訴訟法第287條

檢察官陳述起訴要旨後，審判長應告知被告第九十五條規定之事項。

9. 刑事訴訟法第288條

調查證據應於第二百八十七條程序完畢後行之。

審判長對於準備程序中當事人不爭執之被告以外之人之陳述，得僅以宣讀或告以要旨代之。但法院認有必要者，不在此限。

除簡式審判程序案件外，審判長就被告被訴事實為訊問者，應於調查證據程序之最後行之。

審判長就被告科刑資料之調查，應於前項事實訊問後行之。

10. 刑事訴訟法第289條

調查證據完畢後，應命依下列次序就事實及法律分別辯論之：

一、檢察官。

二、被告。

三、辯護人。

前項辯論後，應命依同一次序，就科刑範圍辯論之。於科刑辯論前，並應予到場之告訴人、被害人或其家屬或其他依法得陳述意見之人就科刑範圍表示意見之機會。

已依前二項辯論者，得再為辯論，審判長亦得命再行辯論。

11. 刑事訴訟法第290條

審判長於宣示辯論終結前，最後應詢問被告有無陳述。

12. 法院組織法第84條

法庭開庭，於法院內為之。但法律別有規定者，不在此限。

法院內開庭時，在法庭實施訴訟程序之公務員及依法執行職務之人、訴訟當事人與訴訟關係人，均應設置席位；其席位布置，應依當事人平等之原則為之。

除參與審判之法官或經審判長許可者外，在庭之人陳述時，起立，陳述後復坐。

審判長蒞庭及宣示判決時，在庭之人均應起立。

法庭席位布置及旁聽規則，由司法院定之。

國家圖書館出版品預行編目資料

生活法律刑不刑／蘇銘翔著. -- 八版. --
臺北市：書泉出版社, 2021.12
　　面；　公分
　ISBN 978-986-451-241-6（平裝）

1.刑法　2.刑事訴訟法　3.訴訟程序

585　　　　　　　　　　110016576

3T05　小市民法律大作戰系列005

生活法律刑不刑

編 著 者 — 蘇銘翔（418.2）
發 行 人 — 楊榮川
總 經 理 — 楊士清
總 編 輯 — 楊秀麗
副總編輯 — 劉靜芬
責任編輯 — 呂伊真
封面設計 — 王麗娟
出 版 者 — 書泉出版社
地　　址：106台北市大安區和平東路二段339號4樓
電　　話：(02)2705-5066　　傳　真：(02)2706-6100
網　　址：https://www.wunan.com.tw
電子郵件：shuchuan@shuchuan.com.tw
劃撥帳號：01303853
戶　　名：書泉出版社

總 經 銷：貿騰發賣股份有限公司
電　　話：(02)8227-5988　傳　真：(02)8227-5989
網　　址：http://www.namode.com

法律顧問　林勝安律師事務所　林勝安律師

出版日期　2005年10月初版一刷
　　　　　2007年 3 月二版一刷
　　　　　2008年 9 月三版一刷
　　　　　2009年 9 月四版一刷
　　　　　2011年12月五版一刷
　　　　　2014年 6 月六版一刷
　　　　　2016年10月七版一刷
　　　　　2021年12月八版一刷
定　　價　新臺幣320元

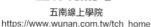

經典永恆・名著常在

五十週年的獻禮 —— 經典名著文庫

五南，五十年了，半個世紀，人生旅程的一大半，走過來了。

思索著，邁向百年的未來歷程，能為知識界、文化學術界作些什麼？

在速食文化的生態下，有什麼值得讓人雋永品味的？

歷代經典・當今名著，經過時間的洗禮，千錘百鍊，流傳至今，光芒耀人；

不僅使我們能領悟前人的智慧，同時也增深加廣我們思考的深度與視野。

我們決心投入巨資，有計畫的系統梳選，成立「經典名著文庫」，

希望收入古今中外思想性的、充滿睿智與獨見的經典、名著。

這是一項理想性的、永續性的巨大出版工程。

不在意讀者的眾寡，只考慮它的學術價值，力求完整展現先哲思想的軌跡；

為知識界開啟一片智慧之窗，營造一座百花綻放的世界文明公園，

任君遨遊、取菁吸蜜、嘉惠學子！